品味季市

季市镇人民政府　靖江日报社　编

古吴轩出版社

中国·苏州

图书在版编目(CIP)数据

品味季市/季市镇人民政府,靖江日报社编.—苏州:古吴轩出版社,2018.11

ISBN 978-7-5546-1196-8

Ⅰ.①品… Ⅱ.①季…②靖… Ⅲ.①乡镇-介绍-靖江 Ⅳ.①K925.35

中国版本图书馆CIP数据核字(2018)第171369号

责任编辑:俞 都

装帧设计:陈幸平

责任校对:徐小良 吕丽静

责任照排:陈幸平

书　　名:品味季市

编　　者:季市镇人民政府 靖江日报社

出版发行:古吴轩出版社

地址:苏州市十梓街458号 邮编:215006

Http://www.guwuxuancbs.com E-mail:gwxcbs@126.com

电话:0512-65233679 传真:0512-65220750

出 版 人:钱经纬

印　　刷:苏州市越洋印刷有限公司

开　　本:889×1194 1/32

印　　张:7.375

版　　次:2018年11月第1版 第1次印刷

书　　号:ISBN 978-7-5546-1196-8

定　　价:50.00元

如有印装质量问题,请与印刷厂联系 0512-68180628

编　　者：季市镇人民政府

　　　　　靖 江 日 报 社

总 顾 问：史骥涛　张佳炜

总 策 划：季祖平　李华兵

总 编 撰：叶晓庆　崔益稳

主　　编：贾界平　侯湘莹

运营总监：徐金春　仲一晴

版式总监：陈幸平

主创团队：朱　娜　张金玲

　　　　　唐　尧　朱　其

　　　　　肖　莉　秦　洁

　　　　　盛　义　晓　雨

YI

壹

目录 CATALOGUE

目录
CATALOGUE

ER

贰

目录
CATALOGUE

SAN

叁

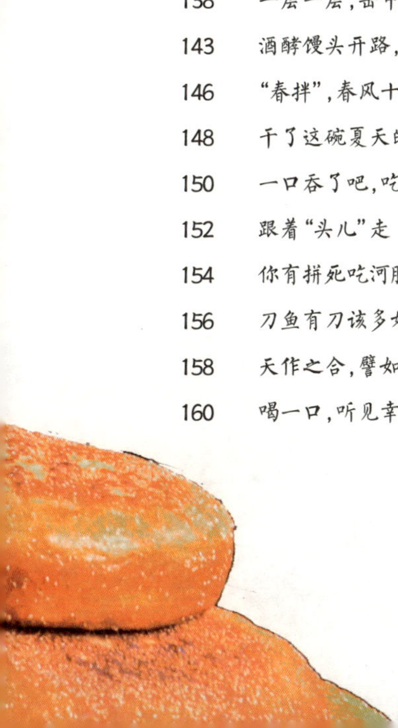

目录 CATALOGUE

SI

肆

WU

伍

扬州
泰州
扬州泰州机场
季市
靖江
镇江
常州
南京
江阴
常州奔牛机场
禄口机场
无锡
苏南硕放国际机场
靖江季市至
上海 170KM
南京 178KM
苏州 95KM
无锡 60KM
常州 70KM
南通 85KM
扬州 115KM
季市地理
位置图

南通机场
南通
张家港港
张家港
崇明岛
苏州
上海港
上海
浦东国际机场
虹桥国际机场
杭州

古镇李市，始建于南唐，已有一千多年历史，她曾是长江边的一个荒滩，后来一李姓家族迁徙至此，定居开发，繁衍生息。明清时期，不少外地人来此经商，市面逐渐繁荣，逐步发展为靖江、泰兴、如皋三地重要的集镇。现存的李市老街、古屋，还依然保留着百年前的身影，吸引了一批又一批观光客前来怀古、休闲。

小名：太平 大名：季市

曾经有人研究过如今社会上很多人取的网名，大致分几种：一种是要体现自己的品位，显得很有意境，一种是要表达自己的愿望，自己缺什么就叫什么。如今看来，季市这个小名“太平”，属于后一种。

这个“太平”，虽然不是《大明宫词》里的太平公主，但也确确实实是水中生长出来的一颗明珠。

季市，早靖江数百年，就在长江中浮出水面了。在西汉时期，一块20多平方公里的沙团在长江中出现了，这是季市最早的雏形。经过数百年的冲积生长，这块沙团活生生地将长江一分为二，变成南长江和北长江。再之后，渐渐地，北长江不断淤积，最终彻底堵塞，将这片长江中的沙洲与泰兴东南部沙滩连成一片。

自古以来，中国的百姓都是跟土地息息相关的。穷奔沙滩富奔城。经过数百年冲积堆成的沙洲，有着大片肥沃的土地，在那些赤手空拳、温饱无着的人们看来，这就意味着能长庄稼，意味着稳定的生活，自然而然的，越来越多的垦荒者汇聚此地。

1000多年前，这里迎来了规模较大的一批移民。南唐升元元年(937)十二月，唐烈祖以海陵置泰州，又分海陵南五乡置泰兴县，这里由海陵转属泰兴管辖。开泰之年，新兴之地，大批拓荒者来到了年轻的土地上，耕作生息。

最初的创业总是艰难的，他们的想法很美好，要春耕夏种，要秋收冬藏，要砌房造屋，要男婚女嫁，要捞鱼摸虾。要在这里安居乐业，过上幸福的日子。只是，之后的经历并不是那么美好，洪灾吞噬着他们的粮食，摧毁着他们的房屋，江匪、海盗还肆意横行，抢夺着他们的一切。

各种不顺心。所以，当他们准备为这片土地取名时，与当今很多网友取网名有着惊人的一致：缺什么就叫什么——“太平村”由此得名。这是他们的梦想和愿望，所以从太平村一直叫到北宋时期的太平乡，都只是平头百姓一心所向罢了。

直到当今，这“太平”二字才真正得以实现。

你的脚下曾是一条江

季市镇季市大桥的旁边，有着一条名叫“海门”的圩。据传闻，这里在千年以前，就是“海”边。靖江人在过去，喜欢把长江称为“海”，这“海”边，应该就是长江边。

在季市的界河边上，曾经有一个叫“望江亭”的地方，这里可能是最早靖江人望江兴叹的地方。

是的，靖江是长江中涨起的一块土地。季市则是最早涨出来的一片沙洲，比其他地方早了一千年。小名为“太平”的季市人啊，你可知道，你的脚下曾是一条长江。

早在西汉年间，浩瀚的长江滚滚向东流，宽阔的江面上因为江海融汇、波涛冲积，一块20多平方公里的沙洲逐渐浮出

水面，这就是季市的雏形。

斗转星移，岁月的长河不断孕育着各种形式的生命。1800多年中，季市这块沙洲坚毅地站在水中央，硬生生把长江分为两股汊流：南长江和北长江。明天启年间，北长江大面积淤塞，季市迎来第二次涨沙，与泰兴东南面江滩“携手”，连成一片。

之后的第三次涨沙，与第二次时隔不久。明崇祯年间，北长江继续涨沙，使季市逐渐向南延伸，与孤山北部新涨的沙地相连，靖江涨连如皋，孤北洼地形成。至此，季市地域面积已是原来的两倍之多。

从浩浩江水，到青石古镇，沧海桑田，换了人间。

名字之争，穿越至今就是美国大选

季家市

李家市

美国竞选总统，都是打擂台互相陈述自己的优势，而谁能想得到，季市这个名字，也跟美国总统大选一样，是互摆擂台争民意争出来的。

让我们回到几百年乃至千年以前……

最早这里可没有季市这个说法，西汉时期，这里仅仅是块刚刚从长江中浮出水面的暗沙而已。

长江中的一个沙洲，不断地沉积泥沙，慢慢成长为冲积平原，足足2000多年的时间，才有了如今青墙黛瓦、水墨烟雨的季市镇。

这2000多年中到底发生了多少故事，又是如何给自己取了一个“季市”的名字，其中细节已不得而知，我们只能在一代代老人脑海里传承

的各种故事中去探个究竟了。

其中，季、李的一撇之争作为名字由来的主线故事，倒是颇具喜剧色彩。

相传在季市成陆之后，由于其本身的平整、肥沃以及新开垦等特点，吸引了众多“投资商”“开发商”前来“投资发展”。如此一来，乡民是越聚越多，逐渐从一个荒地变成了一个小集镇。

人多的地方，就有江湖。有江

湖，就有门派。当时，两大“门派”由于各自的优势脱颖而出，李家富甲一方，爱做善事，在灾荒之年举办粥厂，赈济灾民，因此名重乡里。季姓人多势强，朝中有人，官府之中颇有关系。

小集镇出现后，该如何命名，成了江湖纷扰之争。“李家市”“季家市”难以统一。两大“门派”各不相让，犹如美国总统竞选一般，各出奇招，收买民心。

场景重现

第一场

场景：东街头与北街头，季家烧饼店

只要有人路过，就送上两只烧饼。条件是：必须说这烧饼是从“季家市”带回的。

第二场

场景：南街李家面馆

只要喊一声“李家市”的，就白送一碗面条。

第三场

场景：李家面馆对面

季家把白花花的银子兑换成铜钱，用窝褶屯在面馆对面，来往行人，只需高喊一声“季家市”，就可抓一把铜钱带走。

一来二往，好不热闹。两家为了名字之争，倒是令乡民们享福了。只是，闹剧越演越烈，最终闹到了公堂。知县审时度势，一边是官宦之家，一边是大富之家，只能两不得罪，“李家市加上一撇为季家市，季家圩去掉一撇为李家圩”。

李家依旧不服，再闹公堂。知县和稀泥本领不错，劝解说：“季李只差一撇，本为一家，何必较真？集市并非一家所有，既非季家，也非李家，两家相争，只为‘家’字作祟，干脆去掉‘家’字。”

从此，“季市”一名沿用至今。

陈县令的大气魄与小情怀

看一个地方好不好，不是看楼有多高，路有多宽，而是看那的人好不好。所谓，山灵水秀的地方出的都是良民。

在季市这个有着千年底蕴的古镇上，历史长河中出现了很多有素质的人。其中，一位有着大气魄和小情怀的人，一直被牢记在季市人心里。

进入季市镇，前往季市老街的路上必经一条大河，站在装扮得古色古香的界河桥上，看着桥下平静而又宽阔的水面上，船只穿梭不息，思绪不经意间回到从前，又有谁能想到，在这平静的大河两岸，多少年前曾争斗不断，又有谁能想到，这看似不显山露水的大河，在县令陈函辉的率领开挖下，成为连接长江与里下河地区最为重要的枢纽。

这就是季市的界河。

季市的界河很出名，一来这条河是靖江与泰兴、如皋的分界之水，二来这条河在季市地位相当高，在过去的上百年时间里，她一直是季市的主要交通水道，也正是因为她，清末民初季市就有了“小上海”的美誉。

其实，季市界河的前身就是被季市涨沙而分割出来的北长江。长江主汉逐渐南移的同时，这里也逐渐水势变缓，泥沙加快沉积，慢慢地就淤塞了。

江面缩小，土地增多。大量的肥田沃土

浮出水面，引来了靖、泰两地百姓的目光。历史上，在这界河附近因为土地争斗之事时有发生，有时甚至引发大规模械斗。明崇祯七年(1634)，两地百姓纷纷越过北江故道，到对方沙滩去开垦沙地。一来二往，互有攻守，事情越闹越大，一直捅到了南直隶。省、府、县三级会商，派员实地勘察，最终决定以北江故道为界。

此后纷争依旧不断。待到崇祯九年(1636)，陈函辉任靖江县令。

这位陈县令有着息事宁人的大气魄，为了避免纷争，把数百顷土地让归泰兴，争斗才告平息。他也有着爱民如子的小情怀，他实地考察发现，所谓界河却是口窄底浅，容易引发水患，为永久之计，他亲率民众，沿着北江故道，进行拓宽疏浚以及加深。到明代末年，此河全长57.83公里，分为东西两段，西段为靖泰界河，东段为靖如界河。

陈函辉开挖界河，化干戈为玉帛，变界河为灌溉河、交通河，不仅靖江人一直铭记至今，泰兴人为了纪念陈函辉，也在曲霞为他建了“陈公祠”。

大胆男主季新福 虎躯一震降妖精

这是一个与《聊斋志异》里很多故事可以媲美的传说，它从另外一个角度，阐述着季市的由来。与很多外国大片一样，过程很曲折，结局却总是完美的。

在很久很久以前（讲故事都是用这句话开头的），季市有个季家庄，庄上有个穷小子叫季新福，和很多故事一样，他与母亲相依为命，在地主老财家做长工。

有一天，他回家路上经过界河，遇到一骨瘦如柴的老头，老头请他驮自己过河，好心的男主同意了。到了河中心，他发现老头突然变重了，他咬着牙硬生生把老头背过界河，到了河边老头又突然变轻了。

聪明的男主立即察觉这是一个妖精，紧抓老头双手不放，表示要带回家放到油锅里煎（PS：这男主也真是够胆大的）。一进门，老头又变身为一如花似玉的姑娘，继续哀求季新福放她走，并表示不再兴妖作怪，祸害此地的百姓。

女妖精貌似真心怕了季新福，一下逃到了江西九江城，来到了一个在京供职的孙道台家中，附身于道台家小姐梅香，令这梅香神情恍惚，面容憔悴，玉体消瘦。

这梅香可是这故事的女主角，自然不会就这么容易挂掉。梅香的母亲得知有妖附在自己女儿身上后，把孙道台召回，想了各种方法驱妖，未果。就在这当口，女妖精一时失口告诉梅香，自己只怕季家庄的季新福。

那么，大快人心的情节出现了，孙道台不远千里找到季新福，季新福不负众望，来到江西九江，虎躯一震，吓走了妖精。

道台担心女儿再被纠缠，于是将梅香嫁与季新福，成就了一段佳话。再之后，小两口携一儿一女返回家乡，供养年迈的老母，其乐融融。人们听说季新福能驱邪降妖，把季家庄看成风水宝地，越来越多的人迁徙至此，成就了季市镇。

这是另一个关于季市起源的故事，虽然看似荒诞，但其实依旧寄托着百姓的一片心愿，唯愿自己的家乡平安、幸福。

和尚还俗变成“壕”

季市的老街，是有年代的百年老街，由东街、西街、南街、北街、石桥南路五条道路组成。

这里有着布店、裁缝店、杂货铺、鞋店、面店、米店……每家店铺都有一种说不出的“古”味，古老的木柱木门木墙，斑驳的墙头露出的青砖，都讲述着一段段过去的故事和神奇的传说。

北街上曾有座拱形石桥，叫“文振桥”，这座桥讲述了一个神奇的富而能仁的故事。

相传很久以前，北街上有户黄姓人家，夫妻俩养育了七八个儿女，因为实在是养活不了这么多人，忍痛将大儿子黄文振送去常州，到天宁寺当和尚。

住持见黄文振虽然身材瘦弱，倒也五官端正、天庭饱满，便安排他跟着一位老和尚做助手，协管庙务，放如今就是一分管后勤的。每到月底结算账目时，小伙子口齿伶俐，将账目说得一清二楚，同时还懂得精打细算，能为寺庙开源节流，令住持十分高兴。

见黄文振一天天长大，住持也开始帮他规划

今后的人生。住持到过季市，见识过季市的繁荣，他思前想后，将黄文振叫来，给了他一笔银子，让他还俗回乡，做点小买卖，也好照顾家人和乡亲。黄文振千恩万谢后，拿着住持给的银两，回到季市北街创办了“黄昌泰粮油行”，后黄昌泰逐渐成为季市最大的粮油铺子。

成了“土豪”之后，黄文振带着双倍银子，再次来到天宁寺谢恩。住持没要银子，嘱咐他多做善事。

听了住持的话，黄文振决定改造北街上的木桥，以方便附近的百姓。百姓称之为“文振桥”，并将这三字刻于桥墩中间。

如今的“文振桥”已然不在，被钢筋水泥改成平路。但这神奇的故事依旧在流传。

夏仕港，岂是吹出来的

这是一个大家族，在季市一带颇有善名。

先祖叫夏仕，早在靖江建县前就从苏南迁徙到现在的住地，买田建房，繁衍生息。夏仕秀才出身，脑子活络，种田得法，财富年年攀升。夏仕后裔不忘“为富为仁、多办善事”的祖训，常为当地公益事业做贡献。

这个人，这个家族与夏仕港，有着非常深的渊源。

夏仕港是靖江的“都江堰”，发挥着巨大的防洪、灌溉作用。

故事回到明清时期，话说明崇祯初年季市界河开挖后，因口窄底浅，每到夏秋时节，大雨倾注，洪水肆虐，如皋北水南压，靖江沿界河村民则挑土筑堤，阻挡北水。因边界水利纠纷两县村民经常发生打架斗殴。

直到清康熙五年(1666)，经常州、扬州两府牵头，靖江与如皋达成协议，决定开挖疏浚，挖废的土地补偿和劳务费均由如皋县支付。

但当时如皋地薄民穷，赋税寥寥，财政拮据。当开挖到现今季市横河村夏家老埭夏仕后人土地时，已无法支付土地补偿费用。负责挖河的如皋官员即与夏仕后人商议，央求缓付补偿银两。

深明大义的夏仕后人当即表态：挖废夏家的土地，夏家放弃补偿，只有一个条件：挖成的河道要以夏氏先人“夏仕”命名。

如皋官员觉得这个要求合情合理，便一口答应，且立下文本为凭。河道竣工后，如皋方在夏仕港两岸由南向北钉下了数十块写有“夏仕港”3字的木牌，还在夏家老埭临近夏仕港边立了一块刻有“夏仕港”的大石碑，永昭后人。于是，夏仕港之名便一直流传至今。夏仕后裔捐献土地兴办水利事业的义举也令世代人称颂。

大总统的字为何刻在青龙寺前

从季市老街由西向东慢慢走着，一路看着逛着吃着，不经意间就走到了路头，抬眼望去，不远处有一组明黄色的建筑群，应该是座寺庙。

慢悠悠走近，寺庙大门上赫然写着“青龙寺”。寺庙前还有着一座牌坊，倒是少见。

一打听，原来这是季市独有的青龙禅寺，称其为独有，是因为寺庙门前有着一座孝子牌坊，方圆百里估计也就季市独一家了。

青龙寺的由来有多种版本的传说。一种传说称，明朝洪武年间，狂风、暴雨、江洪一齐肆虐季市，房屋倒塌，人畜被淹，田园荒芜。幸存的人们站在风雨之中，忽然看到海潮宛如一条青色巨龙，兴云起雾，溯江而上。百姓们觉得，他们可能惹怒了龙王，为了取得他老人家的谅解，大水过后，他们在季市镇建起了一座青龙庵，后名为青龙寺。

另一种传说则与朱元璋有关，话说朱元璋某天做了一梦，梦见东方有青龙，张牙舞爪，甚是恐怖。梦醒后，他找来刘伯温，细说此事。刘伯温为了安太祖的心，微服私访，一路向东，经镇江至南通，又到季市，发现此乃藏龙之地，遂选黄道吉日，做法斩龙，横空一剑斩下龙尾，青龙负痛逃走。为防青龙再作怪，刘伯温在青龙之首处，建一寺庙，取名“青龙庵”，以永远降服青龙。

不管你信不信，反正自从青龙寺建成后，季市风调雨顺，青龙寺也香火旺盛。

青龙寺门前，有一座高大的牌坊，全称为“殷春生孝子坊”。殷春生此人，清末民初人物，三岁丧父，与母亲相依为命，从小就懂孝道。母亲双目失明后，他担起了家庭的重担，白天劳作不休，含辛茹苦，晚上照顾老母，无微不至。一个冬天的晚上，他为给母亲取暖，将一个火钵放进母亲的被窝，随后外出有事。不料母亲一个不小心，弄翻火钵，引来火灾。待殷春生赶至家中，母亲已经葬身大火，春生大叫一声，气绝身亡……

春生孝母之事，感动了乡邻。地方官员将他的事迹上报给孙中山总统，先生大为感动，下令建造孝子牌坊，并亲自题写了“大总统令”四个字。

石狮子为何瞎了两只眼

狮子有“百兽之王”之称。民间更视狮子为祥瑞神兽。风水学家认为，石狮子有挡煞招财作用。

很久以来，在中国的庙宇、宫殿、府第、宅院的门前，都有摆放一对雌雄成双的石雕狮子的习俗。

青龙寺门前原先也有一对石狮子，如今，你在青龙禅寺却看不到门前的石狮子。不过，据老人说，其中的一只石狮子可是瞎了两只眼睛的。

怎么会有瞎眼的石狮子呢？

坊间传闻，当然，这些肯定都是坊间传闻，不可能有正史记载的。传说

寺庙东面有个叫李朝匡的小村庄，庄上以务农为主，同时养着猪、羊、鸡等家畜、家禽用来增加些收入。妇女同志们为此经常要去青龙寺附近打打猪草，累了就去青龙寺转转，歇歇脚。

这其中呢，有一位少女因为有一次打猪草累了，竟然爬到庙堂前那座雄狮子的头上坐了会儿。不想，这一坐可惹了祸。石狮子想，我乃堂堂青龙寺门神，岂容你这黄毛丫头把屁股坐我头上，这简直是天大的侮辱。

当天深夜，这少女就做了一个恶梦，梦中感觉有什么沉甸甸冷冰冰的东西压在身上，压得她喘不过气来。梦醒后，她全身乏力，精神萎靡，连续数日都是如此，人也渐渐消瘦。家人十分着急，请来医生也不管用，又不知道是何原因。一位邻居建议请一位阴阳先生来看看。那位先生也是颇有名气，估计应该也有一些道行。来了后仔细询问了少女发病经过，一听就明白了大半，料定必是这石狮子捣的鬼。如果将这狮子的眼睛凿瞎，让它看不清路，自然就不会再来找这姑娘了。

就在那个月黑风高的夜晚，姑娘的家人带上钢钎、榔头等工具，悄悄来到青龙寺前，按照阴阳先生的吩咐，将雄狮子两只眼睛的眼珠凿掉了。而后少女果真痊愈了。

一顿饭缩短草根与“女神”的距离

季三嗒子，此人原名已无从考证，但绝对是一个励志人物，从一个身患天花留下满脸麻子的混混，成功逆袭成为驸马爷。

据传闻，清朝初年，此人出生在泰兴界河旁的李家圩，父亲是个皮匠，他排行老三，因天生口吃故名为季三嗒子，其貌不扬，满脸麻子。这么一个又穷又丑的人物，完全符合如今所谓草根的形象。

有传闻说他从小习武，得高人指点，在科举考试中连过数关，最终夺得武状元；

也有传闻说他富有才华，在殿试中夺得第三名，成为探花。不管哪种传说，反正这穷挫丑的混混进了金銮殿，见到了皇帝佬。在这金銮殿上，皇帝宴请了一帮青年才俊，也有为自己选婿之意。

这季三嗒子应该是个混不吝，或许是认为自己不可能成为乘龙快婿，所以在宴席上毫无顾忌，胡吃海喝，谁知傻人有傻福，他一副傻吃的样子令躲在屏帐后的公主忍不住笑了起来，皇帝以为公主看中了他，竟然钦点他为驸马爷。

不过从之后的故事看来，季三嗒子属于大智若愚的那类。公主的丈夫可不好做，为了振夫纲，他数次与公主吵闹，惹得皇帝佬儿打算把他发配充军。他赶忙上奏，哪儿都可以去，不能去泰兴，那边的蚊子大过蜻蜓，咬人比锥子疼。皇帝立即拍板，就发配去那儿。他暗自窃喜，又上奏，自己受苦可以，不能让公主吃苦。皇帝又中了他的圈套，“夫到天边妻相随”。金口玉言，此话一落，皇帝只能赠送他们10车金银珠宝。

季三嗒子成功荣归故里，还拐带了公主和钱财。为了让自己的母亲见识皇宫的气派，他大兴土木，建造了规模庞大的宫殿，不料被人捅至朝廷，说他在家建造龙庭。得到消息的三嗒子连夜在宫殿里建造三尊大佛，挂上“庆云寺”的匾额，并对皇帝派来的钦差称是为母亲供佛念经所建造，才幸免于难。

多年以后，公主在季市去世，就葬在季市北坝口，被称为皇姑坟。庆云寺在民国时期毁于战火，如今已重建。不过，这逆袭的励志传说却一直在季市坊间流传至今。

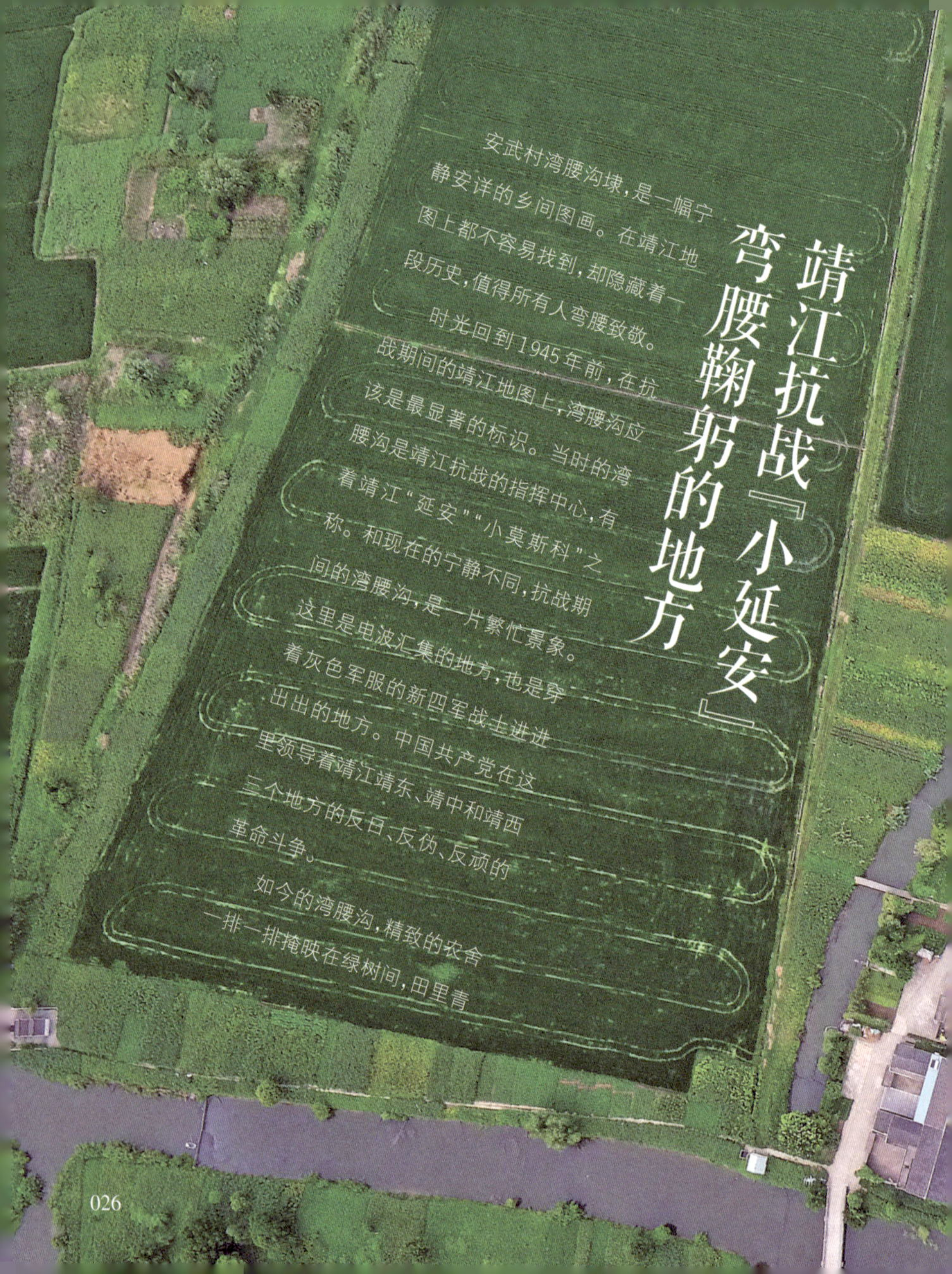

靖江抗战『小延安』弯腰鞠躬的地方

安武村湾腰沟埭，是一幅宁静安详的乡间图画。在靖江地图上都不容易找到，却隐藏着一段历史，值得所有人弯腰致敬。

时光回到1945年前，在抗战期间的靖江地图上，湾腰沟应该是最显著的标识。当时的湾腰沟是靖江抗战的指挥中心，有着靖江“延安”“小莫斯科”之称。和现在的宁静不同，抗战期间的湾腰沟，是一片繁忙景象。这里是电波汇集的地方，也是穿着灰色军服的新四军战士进进出出的地方。中国共产党在这里领导着靖江靖东、靖中和靖西三个地方的反日、反伪、反顽的革命斗争。

如今的湾腰沟，精致的农舍一排一排掩映在绿树间，田里青

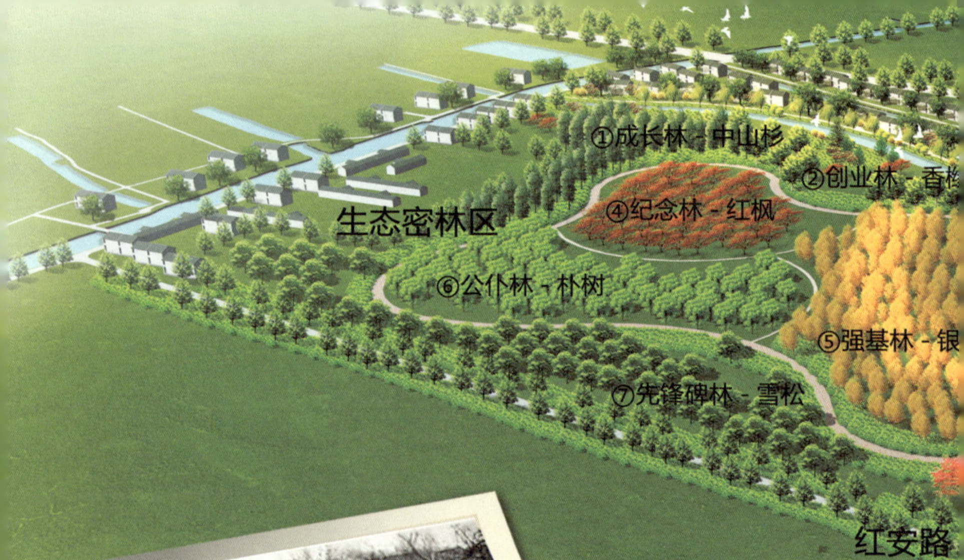

苗在春风中摇曳，乡间的路面都硬质化了，偶尔有小汽车、摩托车穿行在道路上。湾腰沟埭头的小桥静静地矗立在河道上，连它也是几经翻修，焕然一新，丝毫找不到过去的痕迹。

百余户人家，点缀在绿色的田野上。四面环水，只有一座桥沟通内外，诉说着这里因为独特的地理位置而与普通村落的不同。

因为革命基础好，群众支持和拥

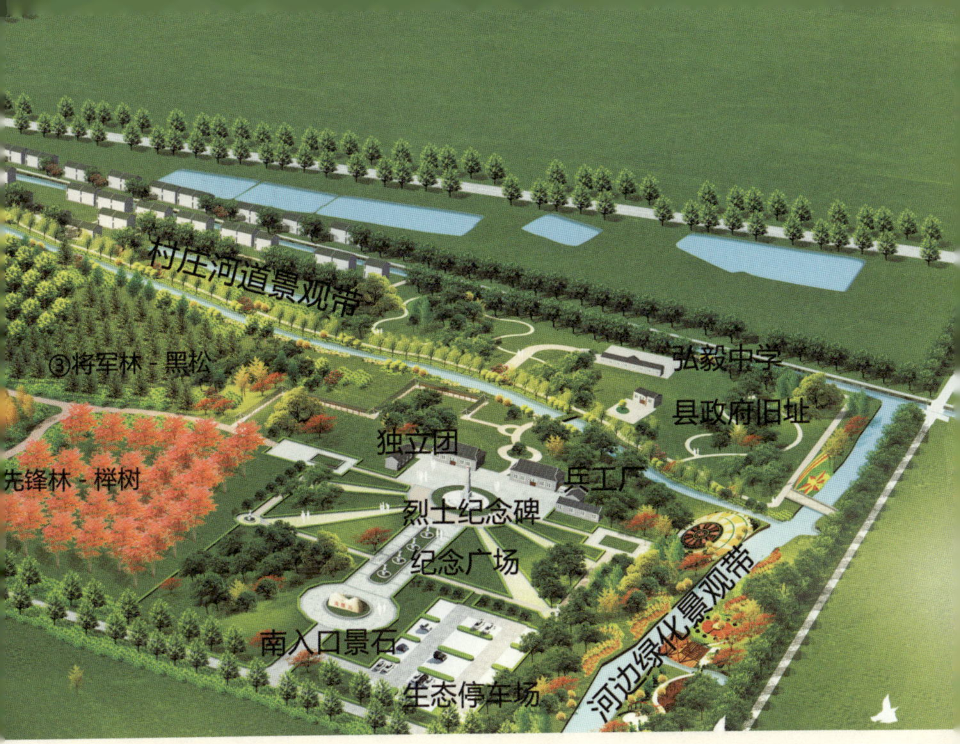

护，抗战期间，靖江县委机关、独立团曾在此驻扎。县委的一些重要会议和集训班以及一些试点工作，都在此进行，独立团的小兵工厂和被服厂也设在此地。靖江县委和县抗日民主政府创办的弘毅中学（省靖中前身）也曾转移扎根于此。新四军三分区司令员叶飞曾在此运筹帷幄，指挥部署苏中区的抗日斗争。

在这里，县委和独立团打退了日伪军数次围剿，并取得三保长安市的伟大胜利。从此，以湾腰沟为中心的10平方公里的区域成为靖江抗日民主根据地。

这里，是值得所有到访者弯腰致敬的红色之都。

董必武曾从湾腰沟渡江南下

一个中央级大领导到一个村庄会是什么样的状况?

悄悄的,我来了。悄悄的,我走了。

中国共产党元老、党和国家重要领导人董必武从湾腰沟经过就是如此的悄无声息。

湾腰沟曾是我党从延安通往苏南几省根据地的地下交通线的重要据点。

季市镇界河桥南首的陈柏松今年73岁,他家中珍藏着几张父亲陈寿康与靖江解放前驻扎在湾腰沟的靖江县委领导的合影。陈寿康解放前在敌占区做生猪生意,利用这一便利条件,为当时独立团执行过多次护送任务,有一次还曾成功护送董必武过江。

陈寿康与季市南市头的生猪老板曹老三合伙做生猪买卖,多次往返于季市至八圩、江阴、无锡、苏州、上海等地。陈寿康精明能干,善于社交,他接触了许多国民党人员和社会名流,用金条疏通各级关系。一次偶然的机会,他在上海结识了当时国民党将领汤恩伯的儿子,由其引荐见到了汤恩伯,并以200个"大头银元"为见面礼,得到了一张盖有汤恩伯印章的通行证。从此,陈寿康在敌占区畅通无阻。

1947年秋的一天，汪青辰将陈寿康秘密叫到湾腰沟，嘱咐他三天后从姜堰护送一位首长到苏南，并交待了接送的时间、地点和方法，请他设法完成这一护送任务。

三天后，陈寿康按时到达姜堰的指定地点，接到了一位农民打扮的中年人，两人便结伴南下，走小路，穿田埂，避封锁，饿了吃干粮，渴了喝河水，两天后的深夜才到达湾腰沟。稍作休息第二天一大早就登上了曹老板早已准备好的猪船南下，当日黄昏到达了八圩港。当时过长江比登天还难，因为敌人对江面实行全面封锁，敌舰昼夜巡逻，如果碰上就前功尽弃。

胆识过人的陈寿康毅然连夜驱船过江，就在要接近长江南岸时，被敌巡逻舰发现并追了过来。陈寿康面不改色，站在船头向敌军说：“我们是奉命送生猪的！”一敌军官登上猪船，陈寿康不慌不忙地出示了汤恩伯签发的特别通行证。敌军官一愣，然后又将船检查一遍，除了一个船夫、一个管生猪的伙计和两个老板，并未发现其他什么，也就放了他们。深夜两点，陈寿康将那个“看管生猪的伙计”按约定的地点和接头方法交给了江南来迎接的人。这时，陈寿康一颗悬着的心才算放下。

事隔一段时间，他才知道自己护送的首长是董必武同志。

开国上将叶飞
茅舍指挥靖新公路大捷

开国上将叶飞，新四军著名将领。

抗战期间，叶飞任新四军一师副师长、一旅旅长兼苏中三地委书记和军分区政委。靖江独立团正是在叶飞的直接指挥之下。

1943年，叶飞曾亲临湾腰沟，在一茅舍内指挥靖(江)新(港)公路大捷，此役的胜利一举扭转靖江抗战期间的大局。

抗战进入相持阶段以后，敌我顽三方势力相对平衡。但是这种平衡在1943年被打破。伪十九师占领靖西后，妄图吞并陶明德部，独霸整个靖江。伪十九师师长蔡鑫元垂涎伪警陶明德部在新港、八圩港口等地的巨额经济收入。特别是新港，商业繁荣，税收十分可观。

4月，蔡鑫元借口靖东地区有新四军，派遣七十三团陈正才部两个营和特务营朱鼎坤部共500余人，占领新港。陶明德虽然恼火，却无可奈何。伪十九师占领新港，对靖江抗日根据地中心地带——长安区湾腰沟构成很大威胁。同时，苏中抗日根据地物资运输以及秘密人员的

南来北往，也受到很大影响。靖江县委及时将有关情况向地委和军分区作了汇报。

叶飞对此十分重视，立即与军分区司令员陈玉生、副司令员张藩等人研究，决定利用伪军、伪警争夺地盘的矛盾，狠狠打击伪十九师，进一步控制陶明德，从根本上扭转靖江地区抗日斗争局面。随后，叶飞来到靖江，在湾腰沟一茅舍召开靖江、如西、泰兴、泰县4县独立团负责人联席会议，对这次战斗作了具体研究和部署。

根据叶飞部署，靖江县委一面给参战部队准备粮草，组织担架队、民兵和游击队参战；一面派联络部副部长刘永青去靖江城会见陶明德，要陶明德做到三条：(1)新四军攻打伪十九师时，保持中立，不得出援；(2)斜桥至靖江城沿线大小据点大门全部关死，不准伪十九师的人进据点打电话联系，不准放进伪十九师一个逃兵；(3)及时提供伪十九师行动消息。对此，陶明德全盘接受。

1943年4月15日清晨，4县独立团和分区特务营，在张藩指挥下，于靖新公路的药师庵地段设伏。陈正才部进入伏击圈后，伏击部队突然从四面八方涌上公路与敌人展开肉搏战。陈正才部溃不成军，落荒而逃。

整个战斗仅几十分钟就胜利结束，共歼灭伪十九师3个营450余人。

靖新公路大捷痛歼伪十九师的有生力量，彻底扭转了靖东及整个靖江抗日根据地的形势。

独立团团部究竟长啥样

看过《亮剑》的人都知道，剧中的独立团是李云龙团长在指挥。李云龙的团部就在一座民居的一间屋内，里面就一张炕，很多战斗部署都在这间屋子里完成。

那靖江独立团的团部长啥样呢？

其实，靖江独立团的主官是参谋长吴立批。虽然县独立团有团长、政委，但团长是军分区领导兼职，政委是县委书记兼任，抗战期间靖江县委书记走马灯换个不停，因此，独立团的军事指挥权主要落在参谋长吴立批身上。

抗战期间，很长一段时间吴立批和妻子王震住在季市镇安武村刘家半埭刘建午家。刘建午今年78岁，当时为富农家庭，有祖宅两进。吴立批夫妻俩住在其中一间睡房，房间很简单，一张床，一张桌子，一盏马灯。平时吴立批在房间内办公，经常有穿军装的战士进进出出。

吴立批有一个望远镜，有一次，远处响起了枪声，吴立批拿起望远镜爬上了河对岸的小土墩，刘建午壮着胆子跟了过去，从望远镜里看过去，竟然能看到远处的战斗现场，那是在孤山脚下的战斗。

“我知道吴参谋长有三宝，分别是军旗、手枪、地图。”刘建午回忆说，军旗是放在一个布袋子里的。这个军旗插到哪里，胜仗就能打到

哪里。吴立批的两把手枪随身带，平时插在身后，睡觉时就放在枕头边。地图更是他的宝贝，里面标注了大路小路，连沟沟坎坎都包含在内。

至今，刘建午依然完好地保存着吴立批写过的一本自传。他对吴立批的感受不同于旁人，这个别人眼中的“战斗英雄”，曾经和他如家人一般亲密。在抗战最艰苦的那六年，吴立批夫妻俩一直住在他家。

吴立批的儿子曾经好几次来到湾腰沟，寻访父亲当年住过的地方。吴立批的儿子说，父亲去世之前曾经留下遗嘱，嘱咐他一定要到靖江来看看，找到当时保护他、照顾他的刘家后人。

三次保卫长安市
根据地更加巩固

抗战期间，靖江县抗日民主政府的党政军机关、后勤基地、学校、靖江独立团医务所、兵工厂等均设在湾腰沟。

日伪多次对根据地进行扫荡，根据地军民每一次都取得反扫荡的胜利。最得意之作是三次保卫长安市的胜利。

1943年，驻扎在靖城的伪十二旅特务团探知靖江独立团主力外出作战后，于10月19日出动一个营300余人，分东西两路向长安市进犯。

当时，县团只留一个侦察班、一个通讯班以及勤杂人等，长安区队也只有30个人。县委发动民兵游击队阻击敌人，敌人进入伏击区后，被地雷炸得人仰马翻，再加上区队和民兵的袭扰，以麻雀战取得第一次保卫长安市的胜利。

县委书记杨源时及时召开总结表彰大会，并要求兵工厂日夜生产地雷、手榴弹，防止敌人报复。

10月23日，伪十二旅特务团又以两个营的兵力，分路

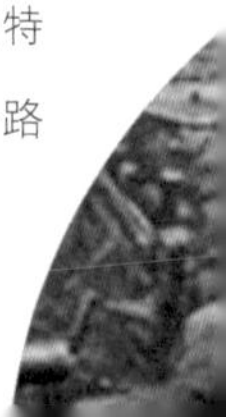

合击长安市。这次，我军参战部队增加了孤山区游击队。在敌人来犯的必经之路，埋设了集束手榴弹，当伪军行至伏击圈时，“轰！轰！”几声巨响，军号也随之四起，农民也纷纷拿起钉耙和锄头助战，伪军吓得逃回据点。

两次保卫战的胜利，让敌人恼羞成怒。伪特务团团长魏杏民亲自指挥，第三次进犯根据地。

县委书记杨源时要求，凡敌人可能经过的大路小路、田埂，都要埋上地雷。同时让长安区、孤山区游击队打击主要方向之敌，连团部勤杂人员也都上了战场。

11月4日，敌人再次来袭。在外围被游击队阻击得寸步难行，好不容易逼近长安市，下午两点多钟，县团主力完成分区阻击任务赶了回来。吴立批参谋长命令二连先打西路季家市据点出来的一个连敌人。一营营长率三连沿夏仕港向南，直插张公殿向西合围。吴立批亲率一连和两个区游击队，在十王殿以南堵击敌人。

看到主力部队参战，伪特务团团长知道中计，在丢下一大批尸体后落荒而逃。

三保长安市的胜利，使我抗日根据地更加巩固了。

有信仰的老屋，活着的历史

百年老屋至今屹立，
只为叙说一段历史。

在湾腰沟棣东面一块闲置的空地里，一幢三间七架梁房屋在绿树环抱下沉睡。斑驳的墙体不少地方已经裂开，屋顶已经开了天窗，关不严实的大门已经挡不住屋外的风雨。

这座房屋，是抗战期间靖江县委副书记汪青辰工作和生活的办公室兼卧室。它是湾腰沟和那段历史相关联的唯一存世的实物纽带。

从抗战胜利到现在，已经七十多年时间，加上它原来的历史，已不下百年。这三间老屋经历了战火和风雨的洗礼依然矗立。按理说，老屋长期没人住很容易颓败。乡亲们说，这三间老屋，是有信仰的老屋，所以，它能挺住自己的脊梁。

有传闻说，当年汪青辰回湾腰沟，曾交代过对老屋只修不拆。

是呀，老屋作为活着的历史，是不应该从记忆里消除的。

庆幸的是，季市镇党委、政府已经专门制定了规划，要在湾腰沟打造红色文化的爱国主义教育基地、廉政教育基地，部分恢复抗战期间湾腰沟的景致，修缮、复建部分最重要的旧居和古迹，把这里打造成为靖江的红色教育基地。

在湾腰沟红色爱国主义基地规划沙盘上，抗日民主政府所在地、弘毅中学所在地、独立团团部、兵工厂、卫生所等均已做了规划。季市镇将在原址复原抗战期间湾腰沟的繁荣。同时，一条从新江平路直通湾腰沟的大路也在修建中，为前往湾腰沟参观的游客提供方便。

经历过战争的人，对生死看得很淡。因为生和死有时只是一线间。

从战争中活下来的人，对那段经历一直不能忘怀。

故地重游 贾剑平连开五枪

在湾腰沟战斗过、从湾腰沟走出去的革命者很多，不少人在中华人民共和国成立后走上了领导岗位，但他们对曾经战斗过的湾腰沟非常牵挂。

在湾腰沟工作时，汪青辰任靖江县委副书记，薛先洛任靖江县农民抗敌协会会长，贾剑平为县委政治保卫队队长，贾成任东兴区委书记，蒋逸成时任县长安区公安股长。中华人民共和国成立后，汪青辰、薛先洛、贾剑平、贾成和蒋逸成五人均走上更高领导岗位，但他们对曾经战斗过的湾腰沟很有感情，好几次组团回到湾腰沟，寻访战斗过的足

汪青辰（右二）、薛先洛（左一）、贾剑平（右三）

迹，看望慰问一起战斗过的干部、战士、群众。

每次回来，一行五人，轻车简从，将车停在长安，步行到村里，寻访、慰问、看望故人。第一年回到故地，峥嵘岁月一幕幕浮现心头，贾剑平掏出佩戴的小手枪，朝天鸣枪五次。事后才知道，那是他的一个战友牺牲的地方。

五位老干部还去看望了当年短枪队、基干队部分老队员。一个名叫陆银富的战士打仗非常勇敢，老干部们都记得，特地到他家看望他。

每次回到湾腰沟，老干部们都要走访五六户人家，问问他们，日子过得好不好，有没有什么需要他们帮助解决的。

汪青辰非常和善，认真听取村里的意见和建议。当他得知村里的文武殿桥因年久失修而倒塌时，一直记在心里。后来，汪青辰多方筹措，帮助村里重新修建了文武殿桥。

到处都是穿花花绿绿洋装的女学生

1942年秋，湾腰沟的农民眼睛一亮。一大群穿着学生装的青年男女进入湾腰沟，让这个沉寂的小村落变得生机勃勃。

女生一般是深蓝色上衣+黑色中裙套装，男生一般是黑色中山装。

湾腰沟的战士和农民，觉得很新鲜，不知道这些娃娃们进进出出是干啥的。时间长了也熟悉了，原来他们是县立乡村师范和弘毅中学的学生，受日寇铁蹄的扰袭，学校搬到根据地来了。

1942年秋，县立乡村师范和弘毅中学迁移至湾腰沟埭，需要几间教室，湾腰沟最大的地主叶秀怡与家人一起，将小河南面的5间房和院内的5间房腾出，当作教室，另外还有几间房子做办公室、饭堂和宿舍。湾腰沟年长一些的老人都还记得，弘毅中学上下课的打铃声传出去很远，每天清晨和傍晚，这里便响起朗朗读书声。

这个弘毅中学就是我们现在的省靖中前身。也就是说，抗战期间，省靖中也曾在湾腰沟这个地方办过学。

遗憾的是，学校所在的屋舍在新四军北撤以后被破拆了，现在已了无痕迹。

办学校，也是当时靖江县委政府的主要工作之一。这既是唤醒民众的需要，也是抗日宣传的需要。据记载：靖江抗日民主政府对根据地150所初级小学、58所高级小学加强了领导，创办了弘毅中学和靖江师范，并一律采用自己编写的教材和课本，对青少年和儿童进行抗日教育及科学文化知识教育。

抗战期间，县委还在湾腰沟加强对农民成人教育，在根据地创办了许多民校、夜校和妇女识字班。

《靖江人民革命史》中记载，弘毅中学和靖江师范的学生，经常深入乡村教冬学学员识字和唱抗日歌曲、扭秧歌舞、排练文娱节目，为抗战培养人才。

出没在青纱帐里

抗战胜利70周年阅兵式上，有一个方阵——抗战老兵方阵特别引人注目。

在靖江，也有一群参加过抗战的老兵。在他们身上我们可以看到“炮火与硝烟”的沧桑历史，可以看到“刀光剑影”的战争印记。他们是抗战历史的见证人、参与者，是纪念抗战的最佳“活历史”，值得每一个人崇敬。

吴立批、贾剑平、弓士贤、徐在桂、毛成……靖江独立团的战士经常出没在青纱帐里，依靠玉米、高粱、芦苇的掩护打击敌人。

这些战斗在湾腰沟的抗战老兵有的已步入耄耋，有的刚接受采访没多久就离开我们，更多的是早已离世。活着的这些“抗战老兵”是对靖江抗战历史的最佳讲述人。每一次追忆抗战往事中的潸然流泪，每一次心情沉重所带来的哽咽，每一次提及日军暴行的熊熊怒火，每一次对战斗胜利的喜悦自得，都是靖江抗战故事的最好缩影。

季市镇利民村的弓士贤参加过很多次战斗，在三元桥、泰兴蛤蟆圩、新港、如皋城等多场战斗中，曾多次负伤。在攻打如皋城时，他的背上、腿上多处受伤，至今，弓士贤的背上还有弹片没取出，一到阴天还隐隐作疼。

百岁老人徐在桂也是抗战老兵，参加过多次战斗，一次战斗中靠躲在牺牲战友身下才逃过敌人搜捕。

原县公安局短枪队队员毛成是湾腰沟人，抗战期间一直在敌后负责锄奸行动，他的妻子刘惠珍也积极帮助送情报、护送伤员等。刘惠珍至今健在，她说抗战期间，所有湾腰沟人都积极为抗战出力，青壮年积极参军，中老年人掩护伤员，妇女做军鞋，儿童站岗放哨，全部加入到保卫抗日民主政权的队伍之中。在抗日战争时期，湾腰沟牺牲的人就有十多个。

靖江仍健在的抗战老兵是湾腰沟军民抗战的见证人，是纪念靖江抗战的“活历史”，这“活历史”里有着最真实的抗战故事，值得珍视、珍惜、珍爱。

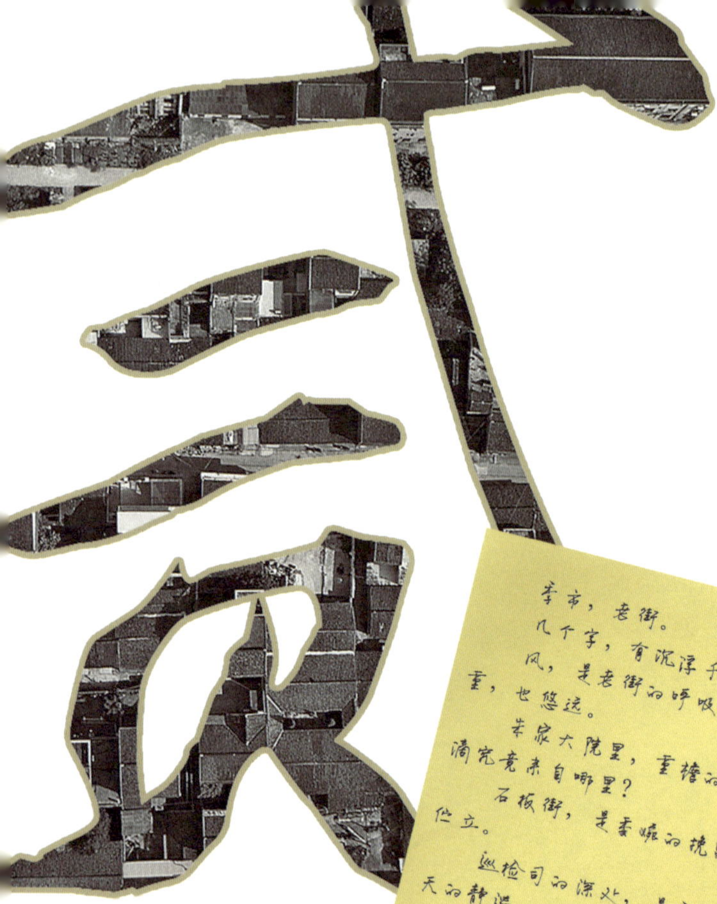

李市，老街。

几个字，有沉浮千年的血脉相连。

风，是老街的呼吸，那烟雨，凝重，也悠远。

朱家大院里，重檐的屋宇间，那雨滴究竟来自哪里？

石板街，是委婉的挽留，是安宁的伫立。

巡检司的深处，是李市的和美，连天的静谧。

街巷尽头，铁匠铺的敲打声，酿造厂的烟火气，还是生生不息。

诉说，流淌，激荡。

是老街的魂。

你/是/岁/月/的/苍/穹

是/前/世/轮/回/的

老街

LAOJIE

岁月就是这样，老街也是这样。

这里，每天都在上演新的故事，

而我，只要寻回属于我的独家记忆。

包子店

一年四季不管哪天，如果正好赶上一场细雨，就别犹豫了，去季市吧。

你去过很多地方，看过很多风景，听过很多故事，吃过很多美食，却仍然记得在每一个日子，在那个幽深的巷子里，再走一遭磨得发亮的青石板。哪怕曾经陪你来的那个人，早已不在身旁。

岁月就是这样，老街也是这样。这里，每天都在上演新的故事，而我，只要寻回属于我的独家记忆。

一阵微风拂过时，第一扇榻子门开了。

雾气袅袅散开，沉进了石板的缝间，滋润了油亮的青苔和蕨草。

你仿佛看见，南来北往的商贩们，在客栈中洗去一日的浮尘，走进刚刚飘起旌旗的饭庄；老街的早市，从油锅里的点心和茶碗里的茶汤中，开始了。

茶庄里的说书先生，重复着昨天的故事："话说这个半平方公里的古老土地上，从南唐时就有了第一缕炊烟，到了清咸丰年间，太平天国起义军攻占了江南诸郡以及江北的扬州，这些地区的百姓，为避兵祸，纷纷拖儿带女，来到战乱未波及的季市落户……这同治年间啊，季市日渐繁华，商业和手工业的迅猛发展，街市就越发像个样子……"

抑扬顿挫的音调，像极了戏里的角儿，谈笑间，说尽了千年的风霜。说尽了吗？说不尽。

要钱到东街，要耍到西街，要穿到南街，要吃到北街。

先生此话，倒也真是当年到季市古镇的"必读攻略"，这东街钱庄、典当

多，西街赌场、澡堂多，南街百货、布店多，北街饭庄、酒楼多。有趣的是，街区地貌呈一睡倒的“千”字形，也有意无意地向世人吐露着过去的繁华。

季市，从清末又走过百余年，那些留着长辫的生意人，那些深宅大院里的闺秀，一夜之间成了传说。同样的老街上，却仍旧活色生香，与世无争，是一番盛世中的轮回。

如果你没来过季市，就没有机会在时空辽阔间细究过往，探索未来。没错，就是季市。

在离开时，再次孑然，成为更值得你探究的，千年老街。

嘘！这里藏着千年前的故事

绵延的灰砖屋顶，考究的门楣砖雕，精致的木雕屏风，老街的市井风情，穿越了千年，徐徐来到我们面前。

褪色的砖红色大门紧闭，透过门缝，院里的桂树静候，等待不问归期的主人。原住民已经年老，散坐于巷口的竹椅上微晃着头，收音机里，正咿咿呀呀唱着一段《珍珠塔》。

他们接目盼来的，不再是嬉闹的孩童和归家的儿女。

而是川流不息的，陌生来客。

我们捧着相机，夹着画架，留下千年古镇中，仍在流淌的故事。

每一个生锈的门锁后，是一座尘封的老宅，老宅的屋檐下，久远的故事藏进了时光里。这370多间从清朝和民国留存的老宅，依然鳞次栉比，依然相互依存，一起守护着季市。如果说老街道演绎了季市人的商业传奇，窄小的弄堂小巷则复刻着老街人的生活画面。

一不小心，就踱步到了东南西北街的十字路口。一身青花裙的阿姨，摇着圆蒲扇从这里走过，唤我们到家中坐坐。绕进北街义巷，孙玉屏阿姨家的老宅，藏得够深。

木质板壁斑驳，却被生活的烟火温着润着，不见毛糙。水泥地上的精致格纹，吐露着自个儿的不菲身价。先生躺在堂中的躺椅上，看着报纸剥着葡萄，时不时扶一扶低垂的老花镜。搁脚的矮几，是以上好的榉木制成，一旁置物的小抽屉上，镶着精巧的铜把手。

迈过第一进门槛，天井里的满庭花，让老宅毫无朽腐之气。隔空翘起的灰白防火墙下，一棵腊梅树，叶子正碧绿，枝头刚够倚墙。

一百年前，在上海经商的孙庆堂，衣锦还乡，置办了这处宅子，所有用度都是紧着一个好字。里屋的木地板，满排的雕花窗，都不是寻常人家得见的。

dutyfree

可惜孙庆堂英年早逝，后辈也多迁居市外，外孙女孙玉屏打小就爱外公这处宅子，从舅舅手中买下后，从此过起了世外桃源般的逍遥日子。

多少老街民居里，有着相似的生活。我们匆匆而过，不无艳羡，不去打扰。

出门时正是午后，一群背包客踱步老街，盯着家铁匠铺子，看了很久很久。铁锤浑厚铿锵的声音，惊醒不了那些沉睡的故事。

每一个生锈的门锁后，是一座尘封的老宅，
老宅的屋檐下，久远的故事藏进了时光里。

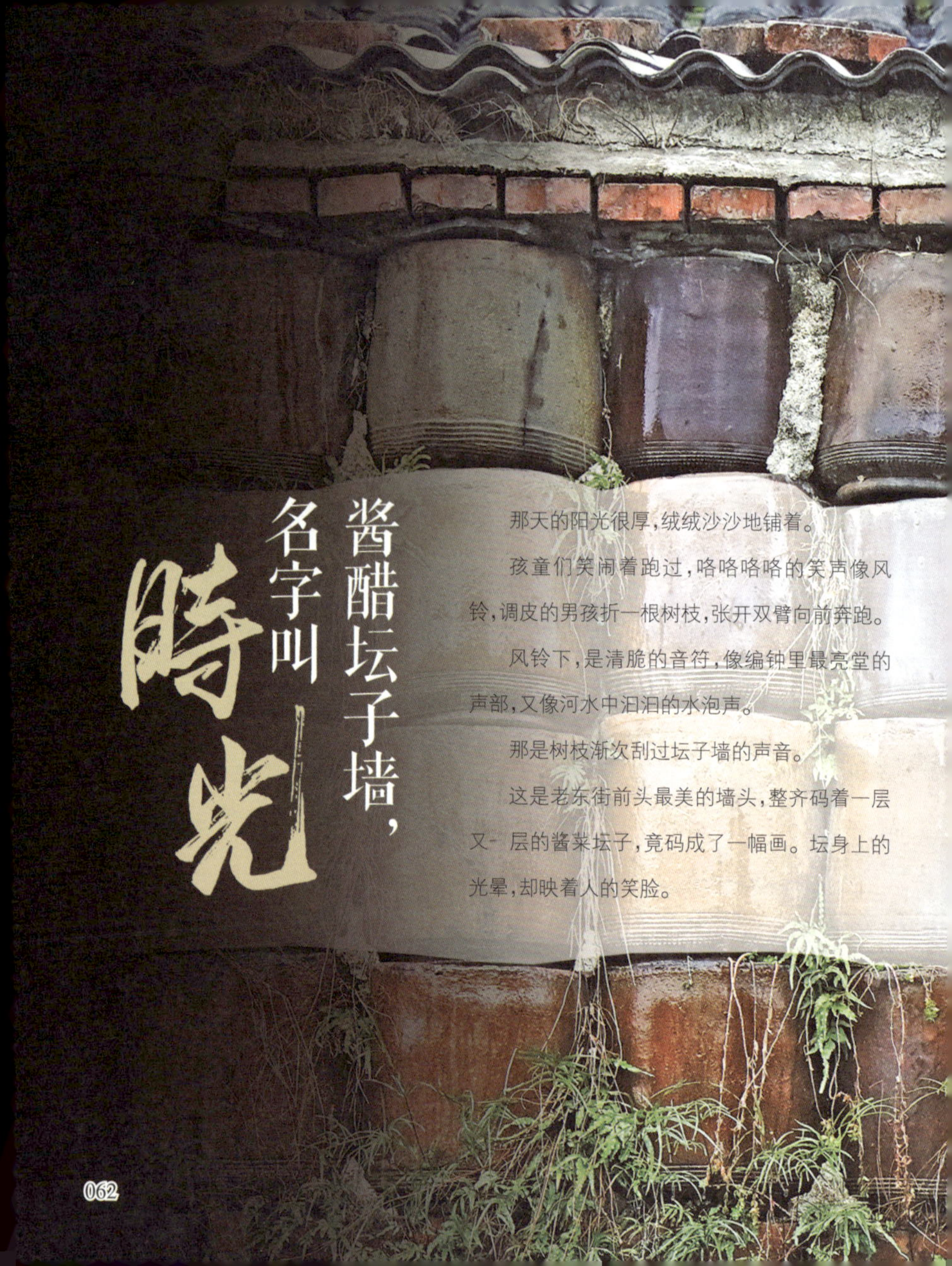

酱醋坛子墙，名字叫時光

那天的阳光很厚，绒绒沙沙地铺着。

孩童们笑闹着跑过，咯咯咯咯的笑声像风铃，调皮的男孩折一根树枝，张开双臂向前奔跑。

风铃下，是清脆的音符，像编钟里最亮堂的声部，又像河水中汩汩的水泡声。

那是树枝渐次刮过坛子墙的声音。

这是老东街前头最美的墙头，整齐码着一层又一层的酱菜坛子，竟码成了一幅画。坛身上的光晕，却映着人的笑脸。

“可香嘞！从东街一直香到西街嘞！”白须老人拄着拐杖从旁经过，俊康酱油坊的记忆，就涌上了心头。

这个从清末就闻名的酱油坊，所产的酱油、醋和小菜，贴着“俊康”的标牌，随码头的快船一路销到了上海和浙江，是民间炙手可热的“网红”品牌。

盛装酱油的坛子，稍有损坏的，伙计就堆到一边，瑕疵品是断断不能流入市场的。

积年累月地堆积，无心堆出了一堵墙，这墙越堆越高、越堆越长，成了季家市人心头的一个图腾。哪个季家市人的童年，没有去敲敲打打坛子墙的坏主意？

靖江解放后，俊康酱油坊改成了国营季市酿造厂，酱醋之香熏陶过靖江十有八九的家庭。时至今日，这里仍然生产着酱油。

飘香百里的味道，也久久地浸在了一个个敦实可爱的坛子里。

你有多久没有在井边打水了

现在，找一口干净的井，可不是那么简单的。但如果你真有此意，季市古街上有一口200多年的水井，至今还在使用。

科技改变生活，却让人变得懒惰。

电视连续剧中，无论是唐代、明代、清代，或者是那兵荒马乱的五代十国，一口清凌凌的水井总是必不可少的背景。才子佳人水井边相遇、丫鬟在井边被恶毒的妇人欺负，甚至有脑洞大开的编剧，编造出一个奇幻的井下世界，那里也有人生活，有好人有坏人也有中间派，只是没有太阳，那是另一个世界。

多少故事发生在井边啊！但现在呢？自来水普及了，连最最偏远的乡村，都用上了自来水，水龙头一开，清水汩汩而出，向左是冷水龙头，向右是热水龙头，多方便！可再也听不到井水叮咚，耳边再也没有那唠叨刺耳的“别往井里扔东西”！

现在，找一口干净的井，可不是那么简单的。但如果你真有此意，季市古街上有一口200多年的水井，至今还在使用，那口井，尽管参观，尽管饮用，绝不收费。

这口井位于李家巷7号，吴金兰奶奶家中，这是一个清爽、小巧、精致的院子，院子里有花有草，布置别致。在院子的一侧，是新盖的水泥楼房，外墙贴了白色的瓷砖，另一侧则是上了年代的老屋，青砖灰瓦，墙壁斑驳，院子里，新风与古韵交相辉映，一口古井静静矗立在院子正中央，仿佛诉说着百年光阴。

怎样？带一泡上好的茶叶，亲手从井中打一桶水，坐在这院子里，在静候井水烧开的时光里，偷得浮生半日闲。

追寻第一束光亮

“哦——亮了！亮了！”

民国初年的一个傍晚，季市沸腾了。

家家户户门口，都是欢呼雀跃的人们，孩童们绕着一团光转了无数个圈，七八十岁的老人们，也昂着头，痴痴地看着头顶那天外之物——电灯。

十多个壮汉排成排，大口喘着粗气，手中还拽着那根皮带。这会，满背的汗在电灯的照射下，还闪着晶莹的光。

就是这根皮带，拉出了季市夜晚的第一束光亮。

清末民初的季市，商贸繁忙自不必说，发达的水陆交通，带给季市的是川流不息的车马。

东西南北街上，最不缺的就是热闹。

但这样的景象，到了日暮时分，刷一下就消失了。

夜晚，上演的是万籁俱寂平常生活，得意了一天的季市人，开始在油灯的微光中，洗去一天的尘埃和疲乏，开始在黑暗中等待，第二天的晨光。

界河以北的泰兴巨富黄辟成，是季市的常客。生意人一番琢磨，来到季市西街，投资兴建了赫赫有名的耀华电灯厂。

在水巷西侧的港边，每天来往的船只中，多的是发电用的柴油。“城里的灯火辉煌，季市也要有。”这个小目标，黄辟成实现了，季市人也实现了。

从此，季市人的夜生活丰富了，三两个老爷们晚上夹上两件贴身衣物，就去西街泡澡了，到深夜十一点归家，慢慢习以为常。票友们在路灯下吹拉弹唱，也把上半辈子欠下的“夜戏”，还了个干净。

这一束光，彻底改变了季市老街的生活。

石板街

记忆的最初
是夏夜晚风在吹
公社青石板上
街坊
端着板凳出来乘凉
我爷爷教了我那最初的歌唱
三个音符组成简单的声响
啦啦啦啦啦啦……
——鞠起《夏夜晚风》

冒着热气的茵糕，袅袅直上的青烟，凄凉的夜雨，昏暗的灯光，磨得光亮的石板街。

交错的石板街上，物换星移几度秋。青苔长得肥厚，却不惧人间烟火。

懵懂的孩童，早已经走出了石板街，在很大的世界里，守着属于季市人的初心。那是一块又一块的石板接踵，绵延而出的诗和远方。

他们知道，石板街之外还有街道，也知道，那一脚一脚踏实笃定的声音，是千年来祖先的期许，照亮他们前行的路。

如今红遍华语乐坛的歌手鞠起，总是铭记童年时的夏夜，白发的爷爷轻轻地哼唱，那安静的乐声，跟着一阵晚风，从石板街的这头传到那头。他，也带着石板街上长出的音乐种子，站到了滚石原创歌手的冠军席，出着他的唱片，拥抱着他的世界。

爱园艺的蔡丸子，还记得石板街那头的大庭院里，年长的妇女簪着栀子花，暮色将近时，爷爷将茶叶包于纱布中，置于荷花的花蕊之中、莲台之上，夜幕降临后，荷花花瓣闭合，经一夜星辰月华和花香熏陶。次日清晨，爷爷的茶壶中，就有了一壶清香四溢的荷花茶。

这就是老街的石板街，和石板街的人们，他们苍老圆润，他们锋芒尽收，他们也包容世事，循古传今。

朱家大院：我已亭亭，不忧也不惧

现在正是我最美丽的时刻，重门却已深锁，谁人知我的故事。

季市老东街，这座建于清咸丰年间的朱家大院门前，石砌的花坛已经斑驳，几株月季却开得灼灼。

不论是当年，还是数百年后，这座庭院的规模和规格，都堪称全镇古民居之“最”。

这个坐北朝南的大宅院，南北长逾百米，东西也宽好几十米。一个小镇上有如此规模的民居，吸引了一批又一批的游客。

曾经，朱家大院有5进房屋。第一进是7间门面房，这一进就如同一道屏风，遮挡

起深宅，让庭院不显山露水。

穿过门面房，朱家大院尽现眼前。正门的门楼前，是一方百十平米的青石天井，两侧及门框上沿，雕刻着象征吉祥如意的鸟兽图案。兽头门环的大门下，门槛边设梯形麻石，供宾主进出大门下马和上马蹬踏。历经日月，两块石头已磨得光可鉴人。

门楼后有一甬道，通往敞厅。这里是主人接待宾客的场所，富有之家一般都有敞厅。但朱家大敞厅前设有走廊，这就显得规格非同一般。走廊既可增加敞厅的美观和气势，也可遮风挡雨，对敞厅起保护作用。敞厅有房屋三间，都吊着天花板，地上铺着正方形箩底砖。地砖下放置着倒扣的瓦钵，吸收地下潮气，也让地面不那么坚硬，人在上面走，除了感觉舒适，还能听到悦耳的“咯咚”声。

敞厅后不远处又有一座华美的门楼，门楼后又是很大的天井，天井后两侧各有对称

的3间厢房，构成四合院，把天井围在中间。这里是内宅，天井内有假山鱼池，名贵花木，显示出主人情趣的高雅。

屋脊两端雕龙塑凤，安装“孵鸡头”。旧时，权势显赫之家在“孵鸡头”上加铁爪，以示威风。不过朱家屋脊上的“孵鸡头”是燕尾，温和多了，可见屋主虽富有，但不张扬。

从屋檐至屋脊，都排列着梯形的盖瓦或长形的筒瓦，瓦下垫以泥土，形成凸起的垄。底瓦同样是梯形的瓦片，反面排列形成垄沟。屋檐上垄的前段放置花边瓦，前端是铸“吉祥如意”的滴水瓦。波浪形的封檐板，固定了檐口的花边瓦和滴水瓦。

这是典型的清代民居建筑风格。

相传这座大院原是扬州一位盐商所建，后因经济衰败，将此院卖给了朱姓人家。朱家是有名的富户，祖上仅当铺就开了八爿半，孤山之北有朱家祠堂和朱家坟园，坟园前立有牌坊和石人石马。

朱家之富还与他家的一位先祖有关，此人名叫朱勋，是清代嘉庆年间陕西巡抚，靖江历史上唯一的封疆大吏。

风霜还不曾来侵蚀，秋雨也未滴落，但留芳华。青涩的季节又已离我远去，我已亭亭，不忧也不惧。

今时的朱家大院，又是何曾惧过风雨。

百年后，还能闻到『胡源泰』的茶香

喝茶是雅事，如果能在逛老街时喝一壶茶，更是偷得浮生半日闲。

千年古镇，不会没有茶叶店。“胡源泰”茶叶店就是其中的佼佼者，它的历史，可以追溯到150年前。

它是季市最早经营茶叶的商店之一，据胡氏后裔说，在清咸丰初年，为避太平天国战乱，安徽茶商胡洗源来到姜堰市白米镇，与人合伙，购田建屋，开店“裕泰和”。后来，胡洗源看到季市便捷的水陆交通，便在这里另起炉灶，以“胡氏”为店冠名，这就是“胡源泰”。

与别的店家不同的是，它的茶叶是从产地采购回来的原料，运回店后再进行加工，在分拣、筛滤、搓揉等数道工序中，整条街道都能闻见飘逸的清香。闻香而至的，不仅是季市人，就连如皋、泰兴等地的顾客，也慕名前来。

茶精神者，兼济天下、独善其身也。红茶、绿茶、黑茶、白茶、青茶，有的菩萨低眉，有的金刚怒目，有的平缓疏朗，有的急促陡峭，这是茶的性灵也是茶的趣味。

茶予人力量，让人欢愉，也给人安详。捧干茶于掌心，一股幽香如两条细线，滋滋蔓蔓，顺着鼻孔钻进肺部，心里一静。

一道细白的水线，轻轻注入杯底，哗哗如泉水淌过石隙。茶叶吸水、膨胀，随着水的冲击，上下翻滚，变得鲜绿。像刚从茶树上摘下来，清水也随之染成浅绿色，绿得恍惚。不怕烫，忍不住小呷一口，用舌尖抵住。香，香到腮帮子上了，牙齿没了，舌头没了，全化了，稀释在茶水中，汪洋，肆意，独余一片香甜……

走在老街，当初的“胡源泰”已变成日杂品商店，但老街上的品茶人不会少，常常能见人拿着一个茶壶，或者茶杯，在老街闲逛，人过处，留下些许茶香。

听说巡检司『重回』清代了！

季市镇东街90号，清朝『派出所』旧址。

生活在清朝的季市人，将此处唤作『印庄巡检司衙门』。百年沧桑，小镇巨变，旧时衙门早已凋零。巡检司建筑数易『牌匾』，商业公司、钱号店铺、季市地段医院、中草药加工仓库……都曾在此间建筑留下岁月痕迹。

幸运的是，使用者没有大肆改建、翻建，巡检司建筑依旧保持着原来的平面布局、结构形式，建筑格局里仍储存着诸多可追溯过往的蛛丝马迹。

2017年，寂寥多年的“东街90号”迎来了国内一流的古建筑修复团队。青砖黛瓦、精巧木雕、玲珑花窗……晚清时期的建筑元素犹如散落四周的拼图，渐渐拼上了这座逐年倾斜濒危的巡检司建筑。

“门面修缮得很像样了！梁上石雕全部恢复了！”

“第一进快修复结束了！”

“工人们开始做漆了！”

“听说开始挖地道了！”

……

乡愁浓郁的老季市人一天天地关心着，细数着巡检司恢复尊荣的步步进展。

巡检司的“荣耀”不仅是靖江地区唯一保留完好的旧官府机构遗址，更是古镇旧时繁荣的最好象征。

史书记载：巡检司，始于宋代，主要设于关隘要地或兼管数州数县。

百余年前，季市是当年如、泰、靖地区有名的商埠，其内店肆林立，三百六十行无其不有。作为关隘要地的季市，清代的泰兴县衙将巡检司公署从印庄(今泰兴曲霞区)迁移

到季市，维护季市镇及周边地区的社会治安。

自十余年前起，季市镇文化历史研究人员吴鹏祖就时常踱步于巡检司，思虑深重。“坐北朝南，南北长42.9米，东西宽12.6米。房屋为前后5进，每进3间，现存12间。”关于巡检司建筑的介绍，几乎倒背如流。他曾和很多季市老一辈人一样，眼睁睁瞧着巡检司凋敝旧败、青苔遍布，摇头喟叹光阴的无情。

直至听闻季市镇启动巡检司修缮，季市人兴奋着奔走相告。巡检司不再是老人口中的“传说”，长辈们终

于可以带上孙儿踏入铺有黑色方砖的巡检司大厅，指着屋檐滴水处的砖墙，让稚童们发现旧时祖先雕刻的花鸟图纹，还可以步入第四进房屋，讲述瓦房里曾摆放着练武的弓箭、大刀、长矛、石锁……

衙门内有地道！吴鹏祖提供了这样一则信息。

地道在哪里？综合老街上多位九旬老人的回忆，地道入口就在衙门内临近东墙处。孩提时期，吴鹏祖特别喜欢探索这条地道，一有机会就会钻进去，穿行百余米，再从东边一处空地处爬上地面。这个地道没有史料记载，幸而吴鹏祖做了大量寻访工作，大致推测出地道的功用。地道可供成人通行，直达远处老街的广场空地，里面足以囤放兵器，也可作为衙役们的应急增援通道。

巡检司修缮大成，重现于世人的必是一座地道的晚清官衙建筑。立于檐下，放飞我们的想象力，可以看到一位巡检使经由朝廷公派，带领数十名弓兵每日奔忙劳碌，镇守季市百姓安宁，也会看到不法者被拉至西门口的条石，在规律的口号下接受衙役的杖刑，还会看到神秘的地道里，弓兵们举着各式兵器，步伐匆匆……

铁匠铺中也有『爱马仕』

铛！铛！铛……

偶有黄昏时，季市东街的一间小铺里，传出熟悉的声音。

打铁匠姓童，是当年东街上赫赫有名的童家铁匠铺流传至今唯一的传人。年逾花甲的老童，在仅存的大火炉前，做着从前三四个师傅、伙计的活儿。掌纹中深陷的深色印记，刻着老童半世纪的打铁生涯。

清朝末期，季市老街上的铁匠铺，有着江湖大哥般难以撼动的地位。七八家铁匠铺中，数南街坝口的刘家铁匠铺和东街的童家铁匠铺最为大牌，如果当年有广告语，也许这两家的口号会是：打铁铺中的“爱马仕”。

天蒙蒙亮时，铁匠铺就开张了，小伙计烧起红炉，开始一天的工作。

煅烧、捶打、打磨、回炉。一道

道工序中，掌作师傅、大师兄、二师兄、三师弟分工协作，像一条顺畅的流水生产线。最后，大师兄夹着烧红的铁器，慢慢伸进水桶里淬火。“滋”的一声，一阵白烟冒起，红彤彤的铁器瞬间变成了铁青色。淬火完成，整个打造过程结束。

老童说，淬火这一步最关键，决定了铁器的寿命，有些他出手的铁器，用了20多年还在用。

铁匠铺中，人气最高的铁器莫过于菜刀、剪刀、镰刀、锄头这些器具，当年纯手工打造的铁器，很多至今还活跃在季市人的生活生产中。

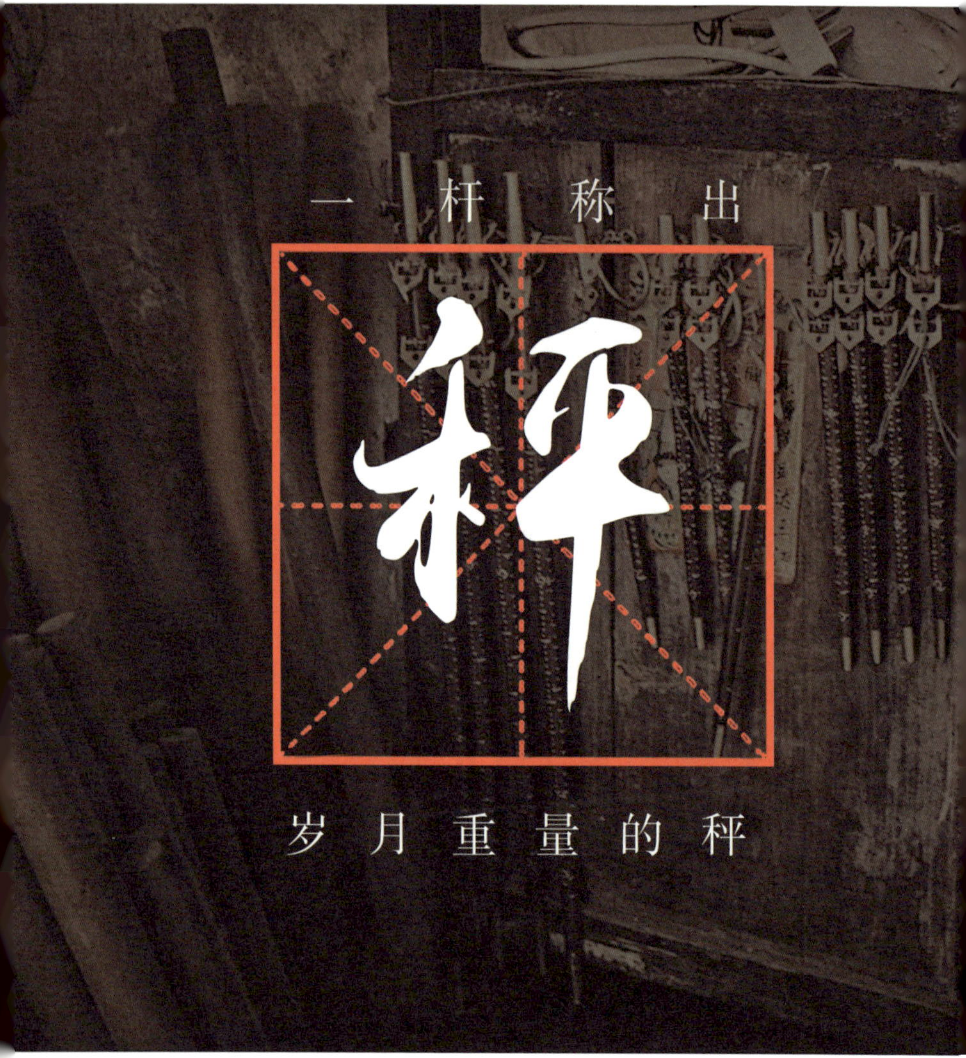

一杆称出

秤

岁月重量的秤

每一条老街，总少不了秤店，少则一家，多则三五家。那些制秤的手艺人，戴着眼镜、手拿工具，一板一眼做秤的场景，在很多老街居民的心中都留有记忆。

古镇季市也不例外。在季市的老字号店铺中，经营木杆秤的店为数不少，中华人民共和国成立时，秤店有东街的盛炳生、盈根生、陈和生，北街的陈志清，南街的唐满生5家，这其中唐记和盛记秤店一直坚持至今。

做秤是件费时费心的纯手工技术活，工序繁琐，一个技术娴熟的杆秤匠人一天下来也只能做一把秤。制作一杆秤，要经过选材、刨木、制胚、刨圆、打磨、包铜管、配砣、定刀口、定星位、打眼、装钩、磨光、校秤……大大小小需要数十道工序才能完成，道道容不得半点马虎，稍有不慎就会有偏差，前功尽弃。

现在，做杆秤的人少了。这是因为受电子秤冲击。不过，杆秤在历史上也曾经红火过，生意最红火的时候，是国家市斤秤改公斤秤时，生意那叫一个好，买秤人都要先付钱排队等着。不过好景不长，受电子秤影响，来做杆秤的人越来越少。

杆秤凝聚着古人的聪明智慧，是正直无私、光明磊落的象征，这种精神上的延续和传承永远不会断绝。“我能做大秤，也能做小秤，从15公斤到150公斤各种规格的木杆秤、台秤、钩秤，样样精通，我这门杆秤制作手艺总有一天会失传，但只要我在，这家杆秤店我一定会继续开下去。”制秤人唐师傅说。

做生意的人，人人有杆秤。不做生意的人，人人心中有杆秤。对生活、对工作、对身边人身边事，都有用杆秤量出来的看法，这看法一旦在心中悄悄形成，便不会轻易改变。

季市首富又名“三老爹”

什么叫敞亮，什么叫“土豪”？

走，去民国走一遭，见识一下日进斗金是何等气派。

一字排开的大柜台里，叠着上百只包着铁皮加了铁箍的大木箱子，铜锁加封里，都是白花花的银元啊！感受一下来自千年后的星星眼。

在噼里啪啦的算盘声中，管账先生、柜员、门卫在前厅跑前跑后，后屋里还有保姆、厨师、勤杂工张罗着。

民国初年，这个坐东朝西的汤乾号钱庄，在季市老街上那叫一个风光。

三间门面的店铺，前后宅子还有三进。就连钱庄的大门门板，就有五六厘米厚，木制暗栓更有十厘米见方，门墙更有五十厘米厚。

瞧瞧！这才是做大买卖的排场。

钱庄创始人名叫汤桐生，常州人氏，清朝末年流落到季市，从此在季市落脚生根。这个头脑精明的外乡人，用随身盘缠，在季市街头摆了钱摊子，做些小额放贷和兑换钱币的小营生，又做木材生意赚取了第一桶金，就索性开起了老街上第一家钱庄。几年下来，汤桐生就在季市南街买地置房，将钱庄扩大，成为季市最大的私人钱庄。

一个无亲无故的外乡人，在季市能发迹至此，可见咱大季市是妥妥的风水宝地啊。

汤桐生的产业可不止于此，他旗下还有一爿典当铺、一爿衣庄，又在黄桥镇开设了一家典当铺，季市恒泰源日杂店也有他的股份，简直是集团董事长人设，也毫无悬念跃升季市首富。

民国季市的首富，家宅自然也得衬得上身家。在季市东街朱家大院和秦家场之间，也就是姜八公路西边，汤家建了处庄园式豪宅，前后5进，每进5间，清一色青砖大瓦房，雕梁画栋，花格窗棂，上面雕刻着象征"福、禄、寿、禧"的蝙蝠、梅花鹿、寿星、喜蛛等图案。朱漆大门上装着铜兽门环，大门两侧蹲守着一对硕大威武的石狮，气派一点不亚于当时的县衙。

天井里丹桂葳蕤，天竺滴翠；后院里假山多姿，亭阁玲珑。家中奴仆成群，汤家从老爷太太到少爷小姐，过的是锦衣玉食的生活。

成为首富的汤桐生乐善好施。每年春天青黄不接之际，他差人在季市街设锅施粥，供应缺粮断炊的穷人；冬天，他派衣庄的伙计将衣服送给缺衣的穷人。季市镇及周边的百姓，都尊称他一声"三老爹"。

哎哟，你们的吴聘哥哥和二少爷的合体啊！（不明真相的可问度娘，傲娇脸）要搁如今，每年的慈善之星也少不了他。

春去秋来
不都是为了这一口

“慢慢走呵，哼唷！脚要稳呵，哼唷！”

一百年前的号子声，是季市最动听的声音。春去秋来，人们每天听着这样的声音，就知道，这世上最不能缺的粮来了。人活世上，谁不就是图这一口？

清末民初，季市北街的港河边，船桅如林，川流于靖泰界河、夏仕港、长江和大运河间的粮船上，装着北街40多爿粮行的往来货物。

箩行的搬运工，在船只和粮行间穿梭。一条条伸向岸边的跳板，在工人的脚下跳舞，号子声高亢嘹亮，震天动地，仿佛这里的世界就是他们的天下。

这样忙碌喧闹的景象，在季市周边三县的集镇中，可绝无仅有，那叫一个霸气！

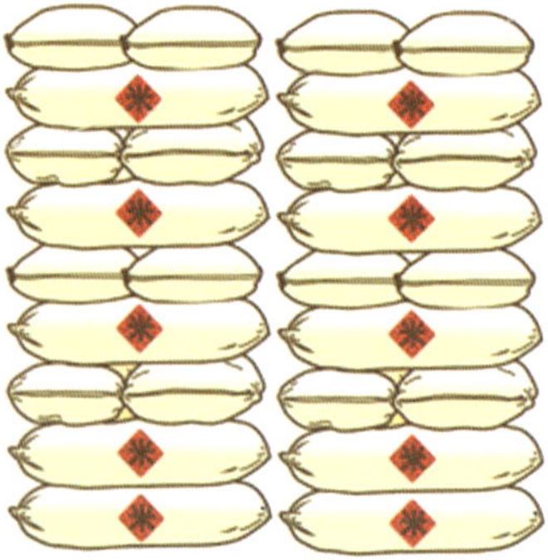

牛到什么程度？那会，季市的粮价在苏北直接能左右市场，更有“苏北粮价看季市”一说。

粮行界中，规模和名气兼具的有鼎丰恒、鼎泰恒、陈复成、秦鸣记、黄义盛、韩鑫茂、朱鼎成等诸家，这些粮行每年粮食进销量都在两三千石以上。

如果还能一睹北街粮行的壮景，想必有的是让人瞠目。

每个粮行内，粮囤高耸，各种粮食一字排列，粮行外挤满了购粮人的独轮小车。购粮人来自四面八方，操着不同的方言和粮行老板讨价还价，一旦谈定，老板则令伙计量粮。伙计一边量一边高声吆喝着："一斗！两斗！三斗！……"这"唱斗"，是旧时卖粮的规矩，量过的粮食不仅要打上码单，还要唱出口，让买卖双方听得清清楚楚。

季市粮行多，但不霸市。粮行自发成立了"陆陈公所"行业协会，那时就能民主推举会长，每年还召开行业年会，可不是什么容易事儿。

各行各店得将自家用的升、斗、斛之类的计量器具送公所校检。合格的量具上，用烙铁烙上当年干支纪年的标记，如"甲子""乙酉"等，记录验证的年份，不合格的量具一律废止并处罚业主。

正所谓，风光霸气都足矣，但说到底，粮行守的还是生意人的底线，做的是良心买卖，季市人的厚道和质朴，由此也看出一二了吧！

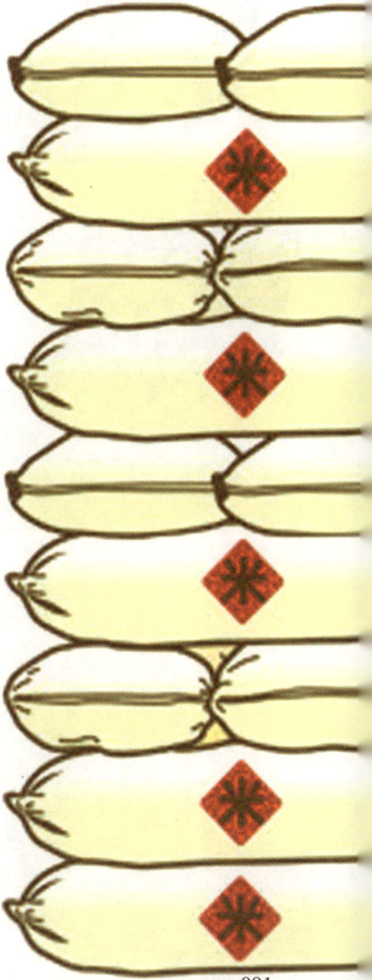

等酒香醇，等你弹一曲古筝

酿

雨纷纷，旧故里草木深。

季家市街巷有多深，闻酒香就可知一二。尤其是在风雨之夜，远远飘来的酒香，对夜行人来说，是心底的一团火。

便有了“借问酒家何处有”的焦急。

渐行渐近之处，终于瞧见了酒肆的红灯笼，那便是今夜的归处了。

古来，季市是南来北往的商客云集地，酒行少了，那就是少了生气和灵气了，就算不得是个完整的商埠。

张家巷西边的张裕兴酒行，坝口南王金宝

开的王记酒行，火星庙西的童金荣酒店，朱应嘉开的茂盛酒行，不一而足。

而最负盛名的，当数季万成酒行，方圆数十里无人不知。那名声，就好比如今靖江的汤包和肉脯，走过路过，是都要来尝一尝的。

每逢酒行进酒之日，长长的运酒独轮车队，宛如一条巨龙行驶在季市街上，浩浩荡荡。

酒窖里也颇有阵势，上百只酒缸整齐码着，每缸装着八百斤酒。酒缸口，也是一水的洋灰，把酒封得严严实实，再紧紧裹上红布。

不用打开，好酒之人只要好好闻上一闻，就知这酒酒花、浓度和纯度。

他们在小麦酒、大麦酒、荞麦酒、高梁烧之间徘徊，就好像不知是忘不了心里那朵红玫瑰，还是牵挂着日日思君不见君的白玫瑰。

这里的每一缸酒，都让人有过“今宵酒醒何处”的困惑，也见证过“醉卧沙场君莫笑”的豪情。

而酒最美妙之处，便是一个等字。等粮食发酵，等酒花飘开，等酒香醇，等你弹一曲古筝。

容我们再等一等，历史就已转身。

这尘世里的烟火气

人生而孤独，你又如何描述这一缕烟火气呢？

在尘世里，这片独享的宁静，让他们的灵魂都有了自由的方向。

对，说的就是那个让人又爱又恨的，德信泰烟庄。

这个老字号商铺，多的是让人唏嘘的故事。十字街口向北的烟庄铺子，有着一溜4间的门面，紧着后面就是水巷。这样的大宅院，在当时的季市，也是一等一的。

泰兴黄桥人氏李国初清末来季市时，可没料到季市的市口如此了得。

那个年岁里，“德信泰烟庄”的金字招牌一挂，就是迎来送往的客人，第一进的门面房里，少不了那半人高的曲尺柜台，还有堆得比人高的旱烟。

到了第二进，弥漫到空中的烟火气，似乎散了几十年，都散不尽。烟叶的叶梗去除，伙计们含上一口上好的豆油，用嘴对着烟叶喷洒。如今想来，这样的工序，真让人有点一言难尽的尴尬。

喷上豆油的老嫩烟叶，混合均匀后被打成捆，再放到夹板里加压，压成一个板块，再用刨子刨成烟丝。

这还没完，烟丝打散后，还得放入锅内烘炒，这时就该加香料了，烟丝的香味会更诱人。烟丝被过秤分堆后，还要被放到木模里轻压成方块状，再用印有“德信泰烟庄”LOGO的纸包装起来。

一片小烟叶历劫这才算结束，飞升上神后，才能上柜架出售。

那会香烟贵，寻常人家吸的

少，旱烟垄断了大半市场。

德信泰烟庄更是圈粉，烟叶优质，加上制作精细、配料讲究、配方独特，质量上乘。老板把利润又看得较低，坚持薄利多销，走平价路线引来了众多粉丝。

正如烟庄门上的对联所言："生意兴隆通四海，财源茂盛达三江。"

到20世纪50年代后期，香烟成了主流，烟庄生意逐渐萧条，最终退出了历史舞台。

不过，江湖还是流传着德信泰烟庄的美谈。

20世纪50年代初，李国初慷慨捐资8000万元（票面相当于现今8000元，但币值相当于旧时8000银元），支援国家购买飞机大炮，还捐献了若干石大米、黄豆。1956年国家对私营资本主义实行改造，李国初响应号召，带头参加公私合营，担任资方代表，先后被选为县人大代表、政协委员。1957年李国初逝世时，季市政府还为他开了追悼会。

一代烟亨，写下了传奇的一生。

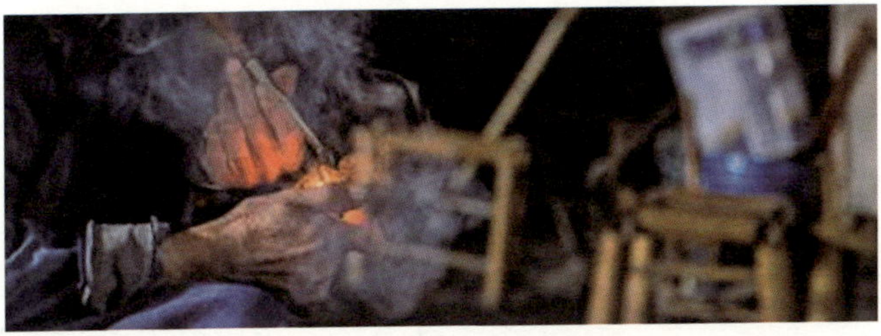

人间许多味
此味最解忧

中药对国人来说，是种信仰。百年前，这种信仰更独一无二。人间许多味，此味当最解忧。

穿过幽深而狭窄的街道，阳光停留在光绪那年的午后。

跨过西街6号那潮湿的木门槛，一股浓厚而馥香的中药味，扑鼻而来。陈旧的木屋，深藏着一个神秘的世界。金粉斑驳的“雅慕韩康”四个大字，风雨剥蚀的门联，光束穿过屋檐斜漏的瘦影。

这里，是季市街上最古早也是最兴旺的周松芝中药铺。

额头在古老的光线里，闪着不谙世事的微光。临街檐柱上，一米见宽的白色搪瓷招牌上，“周松芝堂国药店”七个大字，也闪着一样的光芒。

青花瓷药坛上，画着花草虫鱼。药架子上，长满了深藏不露的抽屉，那些药材的名称，像一个个摩斯密码：熟地，当归，枸杞，人参，陈皮，枳壳……似乎念一天，都念不完。

这个年头，第四代传人周镕甫是大掌柜，他饱读诗书，医书更

不释手，诊治些小毛小病，都不在话下，药店招牌就更勇立潮头。

有句话，伙计们听得耳朵起茧子，可他每天仍是照念不误：中药有起死回生之效，也有推墙倒壁之功。配错一味药，足可致人死亡，万万不可粗心大意……

经营有道的周镕甫，遵循“易子而教”，把长子周昭光送到镇江药店当学徒，收获一枚完美后人，可谓人生赢家。虽此后英年早逝，但可幸周昭光已可秉承父亲遗志，继承祖训和祖业，成了第五代掌门人。

周昭光的精明能干，放在今日还是能让周家人骄傲的。周昭光不惜重金，聘请富有管理经验的行家潘国华掌管店中业务，并委任他为副经理。在潘国华卓有成效的管理下，药店获得了新一轮的大发展。看到此处，是不是很眼熟？这个套路，就是现代企业聘CEO的模式啊！

由此，周松芝国药店开始为客人加工丸、散、膏、丹四大中成药，还能提供私人定制服务，向茶食店专供消胀健脾、老小皆宜的八珍糕，一时闻名靖泰如三县，客商遍及大江南北。

直至1956年公私合营，周松芝国药店仍是季家市药业的头块牌子，也是营业年代最长的药店。

我们的目光，好像也定格在那个光绪年间的午后，微光投射在古朴而有尊严的屋檐上。那些浓厚而馥香的中药味，是光阴无法抵达的地方。

给你点颜色，你还开染坊了？

就开！

只是要开染坊，没一点情怀和虔诚，怕是不能长久的。

染布的手不是手，是温柔的宇宙。那一颗对待颜色的赤子之心，就在染坊工人们手中转动。

季家市的染坊，有七八家之多，要论最出名，当数鑫洪泰染坊。

创始人陆汉文精通印染技术，在江阴华士镇一家染坊当技术员，和舅子景春生以及3个同乡，每人筹资200银元，在民国初年开办了鑫洪泰染坊。

染坊开在季市粮管所后，门前的界河边，是得天独厚的晾晒场。一根根细杉木搭成的“口”字形木架，上面横着竹竿，晾晒出缸的成品色布。作坊里，无非是十几只大釉陶缸，在底部加热作染缸。

[illegible]绸缎与寻常百姓无缘，布料多是周边农妇

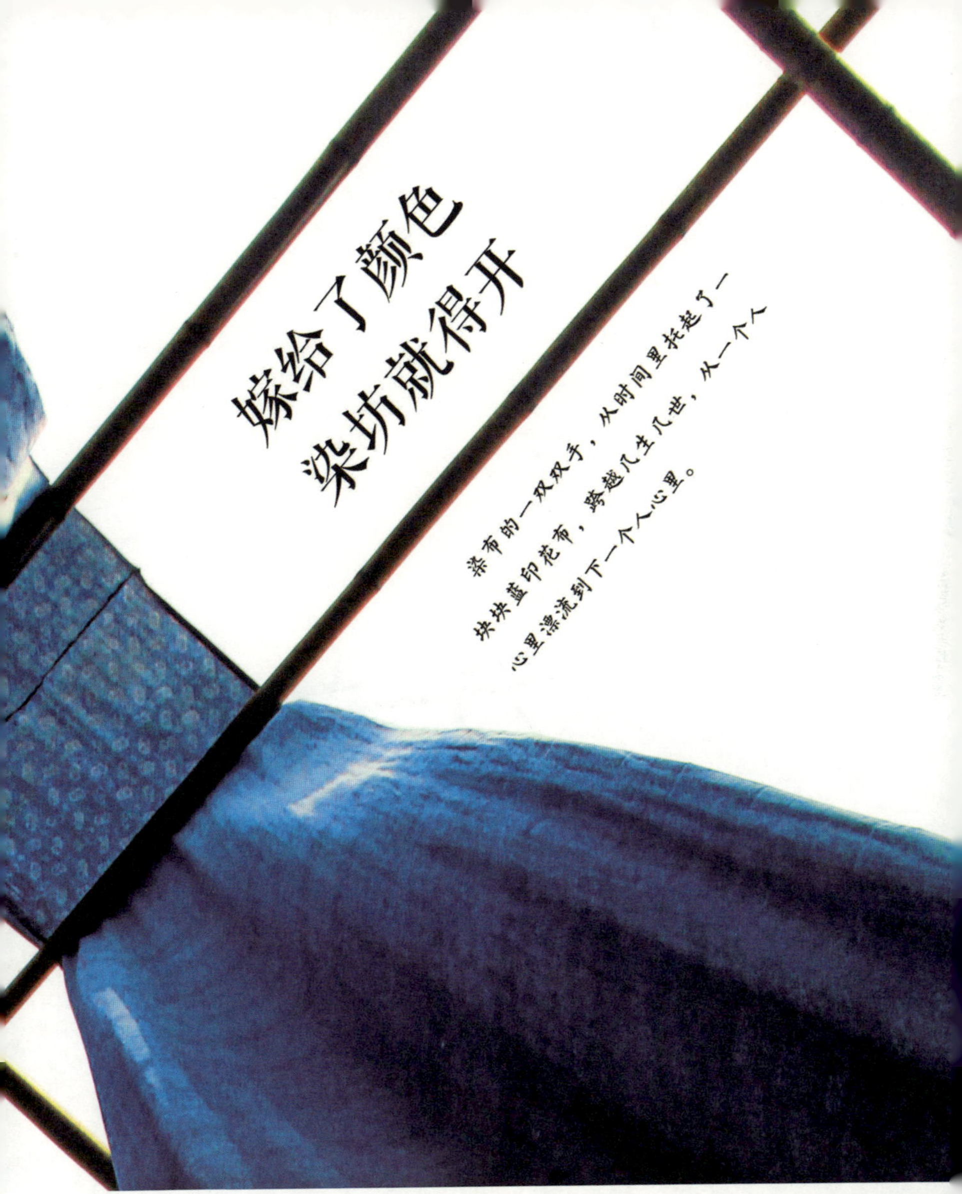

嫁给了颜色
染坊就得开

染布的一双双手，从时间里托起了一块块蓝印花布，跨越几生几世，从一个人心里漂流到下一个人心里。

手工纺织的小土布，染料多从无锡和上海购回，当然也有德国进口的高级颜料，色泽异常鲜艳，还不容易褪色。

染坊的天地，似乎都是明媚清丽的，因为告别了黑白，就以为自己从此嫁给了颜色。

染制一块蓝印花布，过程真真是诛心。从制作花板起，这块蓝印花布就有了灵魂，一张牛皮纸，历经三次上油、阴干的劫数，变得坚韧防水，刻花板的工匠才能在纸上雕刻花纹，刻出梅兰竹菊、鹤鹿同春、龙凤呈祥、狮子滚绣球等图案。图案以点成线，大小多变，以意写实，适度夸张。

你以为这就成了？太天真！还要把黄豆粉和水调成糊状，把花板平放在白坯布上，用刷子蘸了黄豆糊涂抹在花板上，让缝隙内均匀地粘上糊，阴干。取下花板后，印好的布继续阴干，放进蓝色染缸内。

此时，静静抽上一支烟，下缸的布已吸足了颜色。捞起晾干，轻轻刮掉蓝布上的黄豆粉，白花跃然。

这个过程，宛如一朵花播种、发芽、结苞、绽放，在时间里消磨和等待。

染布的一双双手，从时间里托起了一块块蓝印花布，跨越几生几世，从一个人心里漂流到下一个人心里。

它们流传到寻常百姓家，成为被面、围裙，护着姑娘出嫁。

茶馆里听说书VS西大街唱京剧

这里的古色时光，有毒！

“话说这个大宋年间啊……”

晌午后，老爷子们摇着蒲扇，晃晃悠悠地踱步，一间间茶馆里，此时已经四处散坐了不少茶客。

点一壶茶、一个三角纸包的花生，就可以坐上一个下午。

从《杨家将》听到了《白蛇传》，说书先生说得口干舌燥，听书的茶客们，也咂几颗花生消消闲。

门口的老虎灶旁，开水炉子上的水永远是咕嘟咕嘟冒着泡。

靖江解放后，季市街头的茶馆关了个干净，那些年听说书的乐子，还浓浓地熬着。

如今的季市街头，虽无过去的茶馆，可不管是哪条巷子哪条街，总能寻着一处热闹的院子。主人家备着桌椅板凳，放上些茵糕、瓜子、茶水，街坊们三三两两来入座，就有人起哄喊："来一段啊！"

那人群中，总有人拎着板子就站起来，板子一落，身板一正，那范儿就起了。"阿庆嫂……"一段京剧《沙家浜》选段，从来都是信手拈来。

小小的庭院里，乡野土花拾掇得也清丽不俗，"角儿"们戏瘾上来了，摘一朵玫红的野茉莉，就是一个颇有野趣的头妆。

季市人就好个热闹，也图个悠闲，再着急忙慌的日子，也得慢慢过。

就像定格在那首诗中的岁月：

从前的日色变得慢

车，马，邮件都慢

一生只够爱一个人

从前的锁也好看

钥匙精美有样子

你锁了

人家就懂了

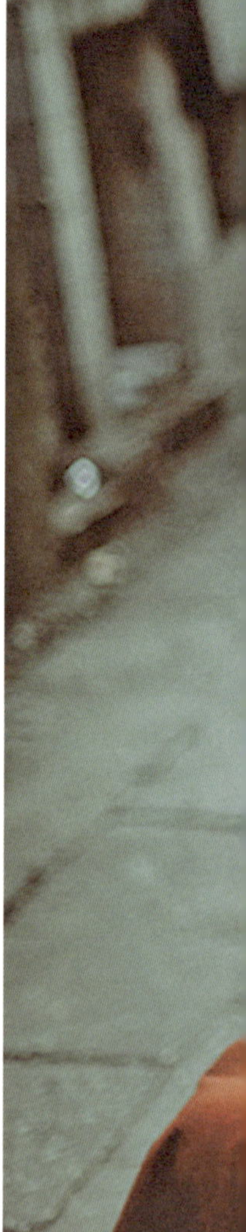

世间古镇千千万万，

却独爱此处“原汁原味”，春夏秋冬，岁月轮回。无论你何时来李市，李市美食都为你演绎中华饮食文化的精致和源远流长，其仪式感，其上佳食材，其江淮文化与大江文化交融的情怀……

亲们，如此美食千万别把你看饿了！

这吃货遍地的年代，你愿意随季节而食吗？

清早上火车站/长街黑暗无行人/卖豆浆的小店冒着热气。

从前的日色变得慢/车，马，邮件都慢/一生只够爱一个人。

走在季市长街，当我冬天食茵糕、夏天食酒酵馒头时，脑海里却念起木心的《从前慢》。

时光不恋旧，科技愈昌明，掌柜愈勤奋，旧时四季分明的季市美食，终于挣脱了春夏秋冬的枷锁，成为“全天候”食品。于是，它们于食客而言，成为随叫随到，变成召之即来。

挑剔的老季市人，仍强硬地坚持随季节而食。因为他们的舌尖容不得偏差。八月桂花季的正宗茵糕，是用树上摇下来的新鲜桂花作为原材料，相比之下，不分季的茵糕则采用了特制的桂花蜜来代替。差之毫厘，绕梁三日变成绕梁二秒。

每到春季，万物萌发，季市的巧妇们，田间埭头走一遭，竹篮里装满香椿、马兰头、枸杞头、柳树芽儿，一路小跑返家，赶在饭点前，洗净篮中绿色，食盐、味精码味，撒入葱末、辣椒段、熟白芝麻，拌一拌，一碗春色冷拌大功告成。嚼进胃里，妥妥地仿佛是清晨的一杯温开水。早一个季节，晚一个季节，食用滋味均会大减。

如同春天的春拌，夏天有虾水汤，

秋天有荷叶桂花茵糕，冬天有酒酵馒头……一季一品，给你最实惠的换季仪式感。兴许，古老的季市原本就是想用这样的方法，每季抖出一个包袱，等待你的光临。

电视剧《夏至未至》中有台词：这世上有一千种等待，最好的那种叫来日可期。宇宙洪荒，千百万年季节更迭如一，周而复始。但我们深知在这个夏季逝去后，另一个夏季会如期而至。这让离别有了念想，让等待有了希望，是件好事。走入深秋，若你熬不了市井喧嚣，不妨找个清冷日光天，携着TA，漫步在似水流年里，重访古镇。慢慢转，再等一块新出笼的桂花茵糕，殷殷祈祷身边人不变。

四季轮回，这座古镇，以她独有的熨帖温暖，待你重逢。

刘伯温在此点菜

别被惊到

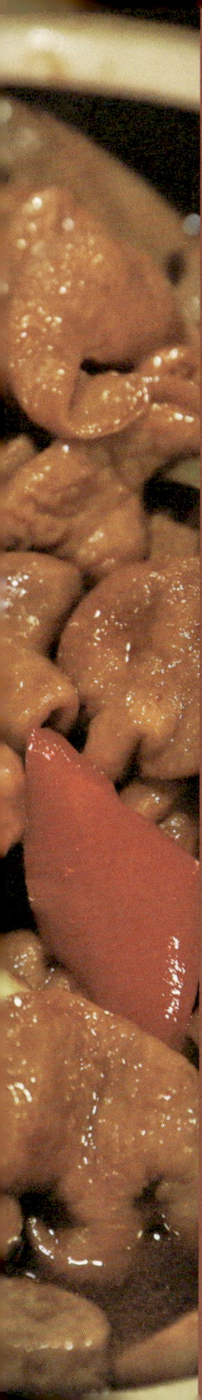

传说中，刘伯温曾来到古镇季市，上街观之，十分繁华，尤其小吃闻名，其味不逊宫廷宴席。大炉饼脆香无比，老汁鸡肉嫩味美……

事实上，如果有幸能在季市人家吃上一顿宴席，你准会大开眼界，不仅能尝到美食，还能听到许多这样的故事！

就拿一道别处尝不到的美味——红烧肝大肠来说吧。

相传，早年季市街上，有一户王姓大户，儿子在常州府当了官。有一年，王大户的儿子回家过年，王大户买了一串猪下脚，让伙计把大肠烧了。

小伙计将猪肝和大肠一起放进锅里煮，本打算等煮熟后猪肝冷切，大肠红烧，不料却将猪肝煮老了。聪明的伙计索性将猪肝和大肠一起红烧了。饭桌上，王大户的儿子皱着眉问：“这烧的什么？”小伙计说：“官大长（肝大肠），官越当越大，越当越长……”王大户和儿子听了，觉得是难得的好彩头，连声说：“好菜！好菜！”于是，从那以后，红烧肝大肠也成了季市宴席上的一道名菜。

据说，如今的红烧肝大肠，是改良过的版本。这道极讨口彩的菜肴，是季市人逢年过节、宴请宾朋必不可少的。

红烧肝大肠制作方法：

猪大肠洗净切成小段，放入开水锅中，15分钟后捞出，晾干水分备用。

猪肝放入开水中煮熟，捞出后切成薄片。

砂锅中放油，下葱爆香，放入切好的大肠，加入清水、香料、葱姜、料酒、酱油煮沸，改小火焐至七成熟。

下猪肝，放入盐、糖，中火烧至酥烂，淋上香油即可出锅。

每回去季市，方向盘总不受控制地绕向老街，精准定位到老杨大炉饼店，进店大喊：“老板，来两盒，一盒甜的，一盒咸的。”

很多人对季家市的印象，是从大炉饼的那一口酥香沁人开始。

我是其中一名。

每回去季市，方向盘总不受控制地绕向老街，精准定位到老杨大炉饼店，进店大喊："老板，来两盒，一盒甜的，一盒咸的。"老板老杨很快笑眯眯递来，我垫着底部热乎乎的盒子，以迅雷不及掩耳之势拆开，徒手抓起小小一只，咬一口，怎一个过瘾了得！

徒手吃饼有多香？反正我浑然忘却淑女身份，一手只顾往嘴里送，一手悬空托在下巴前，接住咬饼时掉下来的芝麻和饼屑。一只大炉饼三四口吃完，手里等着的屑子不肯浪费，一股脑儿往嘴里一按，咂巴咂巴，好像偷偷尝到了藏在饼里的最香。

寒来暑往，大炉饼陪伴季市人走过

了百余个年头。当地人在大炉饼里品尝的不是新鲜劲儿，而是幼时憧憬一口饼的无忧时光。

老杨大炉饼在古镇做得较早，名气挺响。老杨待人和善亲切，看到老客抱孩子光顾，会额外塞两只给小孩。已是知天命的年纪，她做起事仍如年轻人一般麻利勤劳，脑筋也活络。在咸葱香、甜豆沙的传统品种之外，推出椒盐、肉松、果仁等品类。受"老干妈"陶华碧的启示，老杨也将照片印在包装盒上，一天卖出几百盒，就是被人们认识了几百次，俨然是吃货界顶礼膜拜的"民星"。

文人骚客们爱从饼里找古镇密码，发现她和这座古镇一样，百余年来偏于一隅，默默坚守古艺，立成了永恒。大炉饼的制作至今仍效古法。宋人陶谷在其《清异录》中记载："僖宗幸蜀之食，有宫人出方巾包面粉升许。会村人献酒一提。偏用酒浸面，敷饼以进。”这种用米酒和面发酵的技艺，大炉饼至今如此。一块酵面，一块油酥，酵面将油酥包入其中，杆锤反复折叠揉搓，掐成小块，加入包馅，刷上糖稀，反扣在撒满芝麻的盆里，放入烤盘。

下次，趁着怪诞兴致到来，你不妨立在古镇青石板老街，闭上眼睛，咬一口大炉饼，若能配上蒙蒙烟雨天，兴许一个灵光，就穿越到了清朝。

文人骚客们爱从里找古镇密码，发现她和这座古镇一样，百余年来偏于一隅，默默坚守古艺，立成了永恒。

用甜糯的方式
让桂花荷叶“成婚”

如果说一定要在老街捧着小食边吃边逛，荷叶桂花茵糕是女孩们的首选。白嫩茵糕颜值上佳，尝一口软糯清凉，尝五口齿颊生香，走哪儿，哪儿的空气就变得香甜，颇有几分旧时闺秀出门踏秋的清甜况味。

桂花香得诱人，季市人把它吃进了嘴里，以极其甜腻的方式。

如果说一定要在老街捧着小食边吃边逛，荷叶桂花茵糕是女孩们的首选。白嫩茵糕颜值上佳，尝一口软糯清凉，尝五口齿颊生香，走哪儿，哪儿的空气就变得香甜，颇有几分旧时闺秀出门踏秋的清甜况味。

古镇老胡家的荷叶桂花茵糕，最是有名。早些时候已从弄堂搬出，门庭换了，可一进屋的桂花清荷香，仍一如往昔，像一个温暖的老朋友，等了你很久。老胡名胡松玉，师从王荣桂，手艺是古

镇王家祖传。

这么多年，老胡坚守着原材料的复杂构成。米粉必须是上等糯米和香粳加工成的米粉，桂花必须从百年金桂树上现采，荷叶必须选择外形齐整、鲜新、有清香的上等叶片。往往坚守一事，换来代价与回报齐飞，犹如老胡额间日益加深的纹路，又犹如老胡门庭前排起的长队。

这是一块没有任何浮夸的添加剂的糕点。加工好的米粉，拌入绵白糖等配料，笼框内荷叶铺平，等着高密度箩筛均匀筛出的粉末。整个笼框放入蒸箱，旺火蒸熟，出笼即成。荷叶之清香，桂花之甜香，缠绵交织，叫人欲罢不能。

茵糕什么形状？圆的！方的！还都不全对。老胡爱钻研，定制了加工模具，各类形状应有尽有，还在糕的表面印上福、禄、寿、禧等喜庆图案，大红印记一盖上，包裹着古镇味道的吉祥祝福都在这上头了。

九月重阳糕，吃了百病消。茵糕是赠品佳选，友人妥帖地将一盒春雪似的糕点赠予，为你的孤寂时光送去些慰藉。慢慢地，古镇里的故事在赠予与惦念间蔓延。在人类的世界里，总有一些心思难以言说，人们寄托给这些人间美味，希冀它们在对方味蕾间绽放的一刻，化成妙不可言。

《那年花开月正圆》里，吴聘天天为府里的周莹买甑糕，不知戳中了多少少女的心，而你，为 TA 买茵糕了吗？

鸡鸡复鸡鸡

老汁鸡

来季市，老汁鸡是必尝的美味。一盘老汁鸡上桌，看似貌不惊人，但细尝之下，鲜、香、酥、嫩，回味无穷。

季市人对“吃”的讲究，几百年前就开始了。季市老汁鸡早在晚清时期就声名远扬，老汁鸡的汤汁，也传承了几百年。1998年，季市老汁鸡获“中国食品博览会”银奖，被收入《靖江名菜谱》，并且，季市老汁鸡制作技艺被列为泰州市级非物质文化遗产。

季市人几乎家家户户都会制作老汁鸡。

家家做老汁鸡，但每一家的味道都不一样。季市人都知道，熊桂芳家的老汁鸡好吃。有什么秘诀呢？其一，熊桂芳家的一锅老汁，配方独特，已经传承了几十年；其二，熊桂芳烧老汁鸡，必须用现杀的活鸡，绝不用冷冻鸡。

制作老汁鸡的过程看上去简单，实际操作起来有很多诀窍。将新鲜宰杀的鸡洗净淋干后下锅，全部没入老汁中，用文火焖煨。火候需要掌握得恰到好处，锅里看似不冒热气，实则热量都被表面的一层油锁住，鸡肉就这样被慢慢焖熟。

是唯一

其实，老汁鸡的精髓都在“老汁”中。

老汁的特点之一是“老”，跟美酒一样，越陈越香。熊桂芳家的老汁，已经传承了四十多年。老汁的配方也很讲究，选用三伏秋油、麻油等多种天然食用油，配以各种香料，再用老母鸡吊汤，熬煮成汁。“虽说老汁已经有几十年历史，但其中的料都是新的，每一锅老汁鸡出炉，都要加入新料。”加料的过程，熊桂芳是不会让外人看到的，这是秘密。

如今，“老汁鸡”不仅进入靖江多家高档饭店，成为季市菜肴的招牌菜，也经常被作为地方名特产赠送中外宾客。聪明的季市人还为“老汁系列”注册了商标，设计了精美的外包装，并着手研发真空包装和规模化生产。

一切饼都是闺蜜，统统都归Me

吃饼吃到撑，真不是吹牛。李市人有句顺口溜：一块方饼两碗茶，肚子吃得饱卡卡。两块方饼一碗茶，半天不饿劲昂昂。三块方饼一碗茶，到晚不吃眼不花。饼做得结实，可见李市人的实诚。

原谅我一生脸大不羁还爱吃

去季市吃美食，挑个伴侣同行，在闺蜜和男友之间选择，你选谁？我会选闺蜜。

只要一个眼神，我们就会奔向同一个地方，嘻嘻哈哈间，做一些疯狂的小事儿，比如，她吃方饼，我吃斜角饼，最后分着吃包烧饼，吃到打饱嗝，再哄骗家人说，我们下馆子吃了顿饱的。

吃饼吃到撑，真不是吹牛。季市人有句顺口溜：一块方饼两碗茶，肚子吃得饱卡卡（kā）。两块方饼一碗茶，半天不饿劲昂昂。三块方饼一碗茶，到晚不吃眼不花。饼做得结实，可见季市人的实诚。

和方饼一样，斜角饼、包烧饼都是能两块就吃到饱的点心。三者的制作工艺、流程都与烙大饼大致相同，活像三个闺蜜，气质类似，又兼具个性。包烧饼鼓鼓囊囊，油香四溢；方饼四角方整，芝麻喷香；斜角饼内软外脆，叫人口舌生津。

化悲愤为食量，此乃真理。前两日，闺蜜的一笔单子鸡飞蛋打了，我二话不说，载着她驶往季市，吃！美！食！

刚到季市街，烧饼新出炉，在火钳上发出吱吱响声，油脂直滴，迸发出火星，层层透酥，散发出阵阵香味。一掰开，一股浓郁的麦子香随热气喷出。咬一口，烧饼焦黄酥脆，伴着芝麻的香，烧饼的边沿暄腾腾、软乎乎，越嚼越有香甜的味道。闺蜜早将烦恼抛得一干二净，将这块方饼比喻成初恋，怎么看怎么好，怎么吃怎么香，根本不用其他菜肴，只吃它就是很香甜很完美的一顿饭。

的确和初恋一样，方饼、斜角饼、包烧饼的做法简简单单，只加少量的盐和葱，十分原生态，却烤出了清新纯然的麦香。

后来，我才恍然，季市人吃饼是有讲究滴。三两好友同坐一桌，两块方饼几杯茶，醮着麻油豆瓣麻辣酱，如同西方人吃面包抹奶油似的。投入吃饼的样子有点儿贪，但不享受食物的人生，岂非很无趣？原谅我一生脸大不羁还爱吃。

嚼出饼里的酒味

去敬月亮神

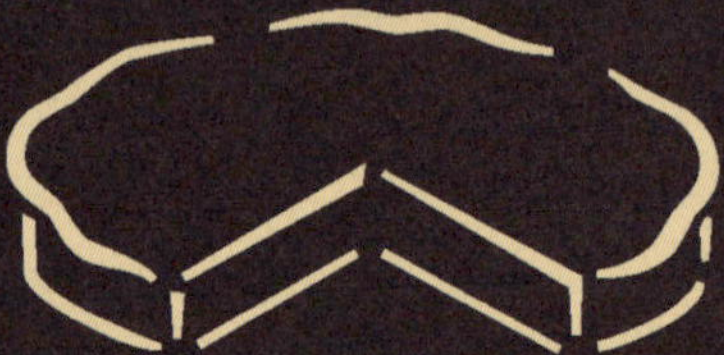

一大块涨烧饼，被切成三角形状的一小块一小块，放在小碟里，安置在桌上，刹那间，酒麦清香充盈满室。咬一口，酥油焦面连着松软白糕，劲道Q弹，不知不觉三小块下肚，即刻生出从舌连到胃的满足感。

大炉饼、方饼、斜角饼、包烧饼、脆饼、月饼……

季市人太爱吃饼了。

凡事都爱论个长短。吃货里的精怪们，推荐指数最高的竟是乍一看油光光的涨烧饼。

晃悠悠走在季市小吃街上，很容易被煎得黄澄澄的涨烧饼吸引。又大又圆，直径20多厘米，表面洒满了芝麻。闺蜜是精怪之一，咽了口唾沫，摇头晃脑念一句“散洒芝麻满天星，葵盘玉肉如包金”，紧接着破功大喊：“老板，给我来两个！”

一大块涨烧饼，被切成三角形状

的一小块一小块，放在小碟里，安置在桌上，刹那间，酒麦清香充盈满室。咬一口，酥油焦面连着松软白糕，劲道Q弹，不知不觉三小块下肚，即刻生出从舌连到胃的满足感。

饼在舌尖卷三卷，老饕们咂出了酒味。涨烧饼，又名酒酵烧饼。准备工序里最重要的一环是酿米酒。米酒不同于普通人家自酿的甜酒，名曰“麻酒”，冬天需酿制半个月。麻酒酿成，加入麸皮发酵，灌进纱布袋挤捏过滤，过滤出的酒浆与热水中和，保温5~6小时，制成的酵水和面，经一昼夜，即可入锅烤制。烤制火候关键，细工慢活，来不得半点急躁。

要享用新出炉的涨烧饼，吃货们得付出耐心。一个涨烧饼要1个多小时才能大功告成，一只圆锅只能做一个。镇上的一家饼店，怕怠慢客人，索性将原来的8口锅增加到20多口锅。

涨烧饼在季市人心中的地位很高。每年中秋月圆，供奉月亮神的香桌上，形状圆润如月的涨烧饼不可或缺，因它寄托着人们追求团圆

幸福的祈愿。这一习俗已流传千百年。

一首打油诗说得妙：烧饼两回黄，芝麻喷喷香，饼里多松软，请君尝一尝。记得某品牌Pizza广告里，总会出现一副三代同堂乐陶陶共享Pizza的宣传画面。其实，若上PK台，约摸着，更能让中国人老少皆宜的，胜出者该是季市的涨烧饼。

脂油小馄饨

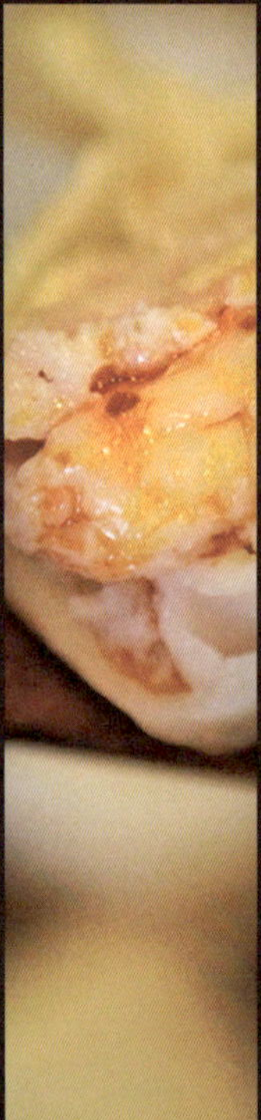

神仙都喊鲜

一碗香喷喷的小馄饨终于端上桌。一只只小馄饨像一条条小船，在汤水上悠闲地漂浮，周边点缀着一层淡黄色油泡、十来颗碧绿葱花，清新如雨后。

季市的小馄饨里，有妈妈的味道。

最好是早晨7点赶到老街早点铺，点一碗小馄饨，耐心地在晨曦烟火里排队。

隔着热腾腾的汽雾，瞧着老板煮馄饨，是件赏心乐事。老板活跃在两口小铁锅之间，一口锅熬猪骨汤，一口锅煮小馄饨。待到小馄饨半浮在沸腾水面，老板抄起勺子，在大海碗里挑一小块猪油，放入小碗，撒上少许葱、蒜、香菜末和白胡椒粉，再捞起小馄饨，倒进碗内，最后，浇上一大勺猪骨汤，成了！行云流水之间，老板仿佛在指点江山，而吃货们，眼巴巴地默默咽口水。

一碗香喷喷的小馄饨终于端上桌。一只只小馄饨像一条条小船，在汤水上悠闲地漂浮，周边点缀着一层淡黄色油泡、十来颗碧绿葱花，清新如雨后。用小汤匙轻轻地搅一搅，碗里的馄饨悠悠打着旋儿，在碗里转圈，互相碰撞。一阵诱人的香味扑鼻而来，那香味是浓烈的、细腻的，透着妥帖、温暖的气息。舀起一只仔细端详，重叠在一起的皮呈半透明状，薄薄的，软软的，好像薄纱一般，依稀可见嫩红肉馅。

到这份上，神仙都熬不住了。抓起汤匙，迫不及待勺起一只送进嘴，有些烫，管不了啦，一只，一只，再喝口汤，透鲜！爱吃辣的主儿，不会放过店家熬制的辣椒面。辣辣的汤汁刺激着味蕾，舌头瞬间麻麻的，征服了唇齿的猪骨汤浓香味。待碗底最后一口汤下肚，人发了一层汗，若是妈妈瞧见这一幕，一定会笑着呵斥：慢慢吃，没人跟你抢。

著名作家范小青，有一年长假偕同夫君和女儿从苏州到盐城省亲旅游，途经季市，停车吃饭，专门品尝了小馄饨。后来她写了一篇散文发表在新华日报《新潮》副刊上，文中盛赞季市小馄饨是她平生吃到的味道最美的小吃。

一层一层，击中

很多自以为时髦的人，

把脆饼列为上代人的专属食物。

时髦的你

脆饼？脆饼是奶奶们爱吃的！

很多自以为时髦的人，把脆饼列为上代人的专属食物。在那个物资匮乏的年代，脆饼、馓子、红糖、鸡蛋是季市人看月子必不可少的4样礼物。而今，挑剔的“00后”“90后”，连送精致西点给产妇，都要请代购去大城市买来名品。

人和食物之间，有一往情深也有再见钟情，有惺惺相惜也有误会成见，与人际交往何其相似。

精致不等于美好，如同上等生活不同于幸福时光。看《请回答1988》，我成了“wuli珍珠”的粉丝，这个话不多永远在吃的小女孩。她默默吃得那么认真，叫人感到幸福。

有时候，对待食物，我们不妨抛下成见。善良与谅解，会带你走进新世界。而今，我走进了脆饼天堂，以李家脆饼为尊。

在季市镇季东村王西组曲折的巷子里穿梭，“李家脆饼”的招牌挺显眼，一进门循着香味走，在烘房里找到了刚出炉的脆饼，长方形焦糖色大饼，形

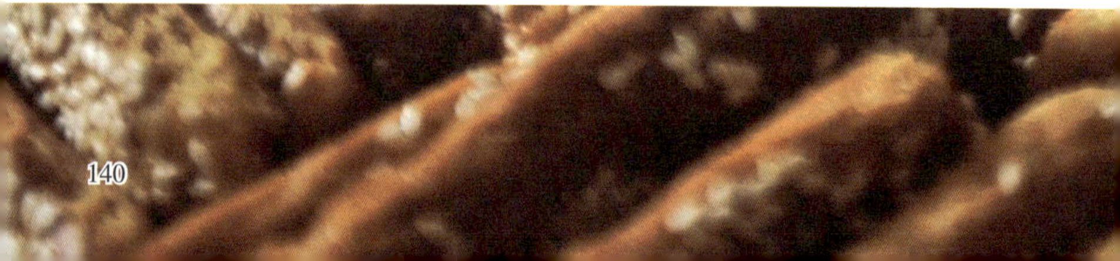

态饱满，芝麻甜香裹着焦饼味，如一道闪电击中味蕾，馋虫带出了口水。顾不上烫手尝了一口，又酥又脆，和幼时记忆的味道有点不一样，似乎更酥了点。

传说李家脆饼有27层，我较起了真，掰开不足1厘米厚的脆饼，数了又数，没找到答案。李家脆饼当家人李文生给了个办法，脆饼泡入热水，20多层薄皮渐渐离散，用细筷慢慢挑，每一层都能挑上筷子！季市脆饼干吃酥、甜、香、脆！泡食则层次不乱、软糯香甜，别具一番风味。

李文生70多岁，10多年前开始经营李家脆饼，如今名声在外。他的祖上不做脆饼，他完全是半路出家，还从不自己动手做，只指挥工人做。李文生是真的考究。油买回来后，放在烧烫的锅里检测，没有沫、不冒烟的才是品质好的，如果有杂质就换油。芝麻、糖、面粉等，他都坚持用上等品质。加之从和面到出炉的16道工序，他不厌其烦地把控着流程、尺度、火候，这才有了零差评。

食欲排山倒海，情意绵绵不绝。好像没有什么伤心不能用先吃一顿缓缓。若山珍海味不开怀，季市脆饼可得你心？

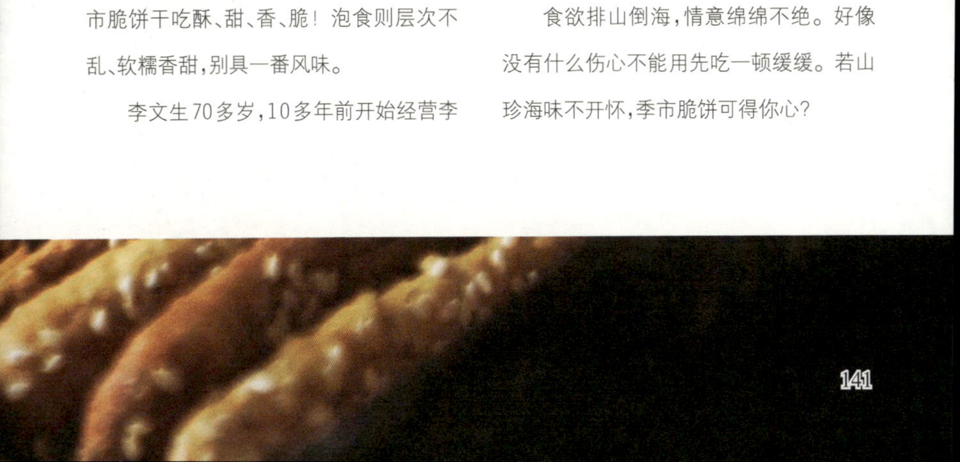

订
门
面

酒酵馒头开路，明年准发大财！

有一回，行走在老街上，碰巧一锅馒头出炉，绵密的面香和着清甜的酒香，刹那间弥散了满街，诱得馋虫爬进了心里。

老板娴熟地在热腾腾的笼屉里拿出一只，放在碗里。轻轻咬一口，鲜香的馅汁从不薄不厚的面皮里流出，极其敷衍地吹一下，大口嚼两下，只觉松软糯滑，满口的不可言说。吃完一只，再来一只！

所以，如果你想减肥，可千万别经过老街的酒酵馒头铺，尤其是入冬以后，否则，指不定如我一般前功尽弃。

不过这话要是被老街人听到，肯定会反问一句：你是宁愿长点肉，还是愿意明年发财？

这话从何而起？原来，酒酵馒头里有讲究。季市流传着一则预言：发得好的馒头预示来年吉祥好运，日子会像饱满的馒头一样富足。每当胖乎乎的馒头出笼，左右街坊喜笑颜开，互相称赞："馒头发得好，吃了明年定会发大财。"

有心的人又问了，平常走街上，馒头铺也没几家呀，到过年时，来得及做吗？

来得及！每到过年，季市的烧饼店都改行做酒酵馒头，忙着整理笼屉、编织新笼垫，清洗凉匾、芦

帘，用酒曲和面发酵，再张贴上广告，接受客户馒头加工和订购的预约登记。腊月初十后，馒头制作陆续开始，持续到腊月廿六七。这一周内，老街上10多家馒头加工店的掌柜伙计们，个个忙得脚不沾地，打个招呼的工夫都没有。整条街的空气里都飘散着浓郁的馒头香味，人从街上过一遭，全身全脸都会蒙上馒头出笼时的腾腾热气。

每年腊月，总能如期收到一大袋新鲜出炉的酒酵馒头，一年一轮回，季市的朋友用这样温馨的方式提醒，又一个冬天结束，又一个春天开始。

“春拌”，春风十里不如你

在季市，有一道叫“春拌”的菜。

多雅致的名字，春的气息，生活的味道，全显现出来了。

春拌，其实就是一道纯素的凉拌菜，食材多为春天的地产鲜货。比如香椿、马兰、枸杞头、柳树芽儿等。食材很多很散，但他们有个共同的特点：都是春天生长出来的。

春拌的做法很简单，洗净双手，取少许大蒜、葱、干辣椒备用，将所有食材用水焯一下，

用盐、味精码味后装入盘中，依次放入原先备好的葱末、辣椒段，最后撒上熟的白芝麻装点。

各种佐料的配比是关键，少了清淡无味，多了，食材的鲜味被佐料掩盖。在人们大快朵颐，吃得满头热汗、满嘴油腻的时候，一盘绿意满眼的春拌上桌，香气扑鼻而来，让人喉头大动。

可惜的是，如今在季市已经难觅会做正宗春拌的人。退休老校长吴鹏祖对春拌情有独钟。他说，在几十年前的季市，春拌是古镇人生活中的重头戏。谁能系上围裙，亲自下厨为你弄一盘春拌，那是把你当成贵客，对你用足礼数的。多年前，他有幸尝过一位擅长季市传统菜的老人亲自制作的春拌，让人难舍难忘。可惜，老人已逝，再想尝一尝那味道已成奢望。

一盘春拌，之所以让人念念不忘，完全在于春的意境。其实，春拌是否正宗，并不重要，我们完全可以在春意盎然的时节，趁与家人郊游踏青之际，采些植物的嫩头，回家拌出一盘属于自己的春拌，那是一份属于家人的味道。

干了这碗夏天的水汤

春夏秋冬，四季轮换，皆有应景的美食美味，衬托这良辰美景，适时而食，方为赏心乐事。

夏水汤便如此应景而生。

季市河道纵横，盛产鱼虾。夏天正是虾、黄鳝及各种水产最为鲜美的时候。尤其是籽虾，虾籽饱满，虾体大而肥，虾脑胜似蟹黄。

家住季市的陈桂芳已经80多岁，她年轻时做季市菜可是一把好手。谈到夏水汤，陈桂芳的记忆又回到了那个时代。

靖江解放初期，季市西街上有家潘家饭店，烹制的夏水汤最有特色。那是他家专为镇上一些知名人士特制的一道美食。

由于此汤鲜美无比，渐渐成为镇上条件较好的百姓人家的家常菜。

正宗夏水汤的特别之处，在于鳝肚跟鳝背是要分开的。鳝肚肉质较松散，需要油炸；鳝背肉质紧致鲜嫩，可以直接入锅。

做夏水汤，步骤较为繁琐，所以陈桂芳会早早地开始做准备。

先将小鱼、黄鳝骨用猪油煸炒，加入姜片、料酒，大火熬制成豆浆似的浓汤，然后滤去渣骨，就成了一锅极鲜美的浓汤，白中微透一丝奶黄，看似一锅香浓的醇奶。

再将去骨黄鳝肚放入油锅煎炸，捞起来放入汤中，加入鳝背、籽虾、鱼丸一起烧煮，最后投入鸡蛋花或蛋皮等，鲜美的“夏水汤”出锅。

夏季食欲不佳的时候，来一碗夏水汤，鲜、香、醇厚，味蕾瞬间就会被撩起。

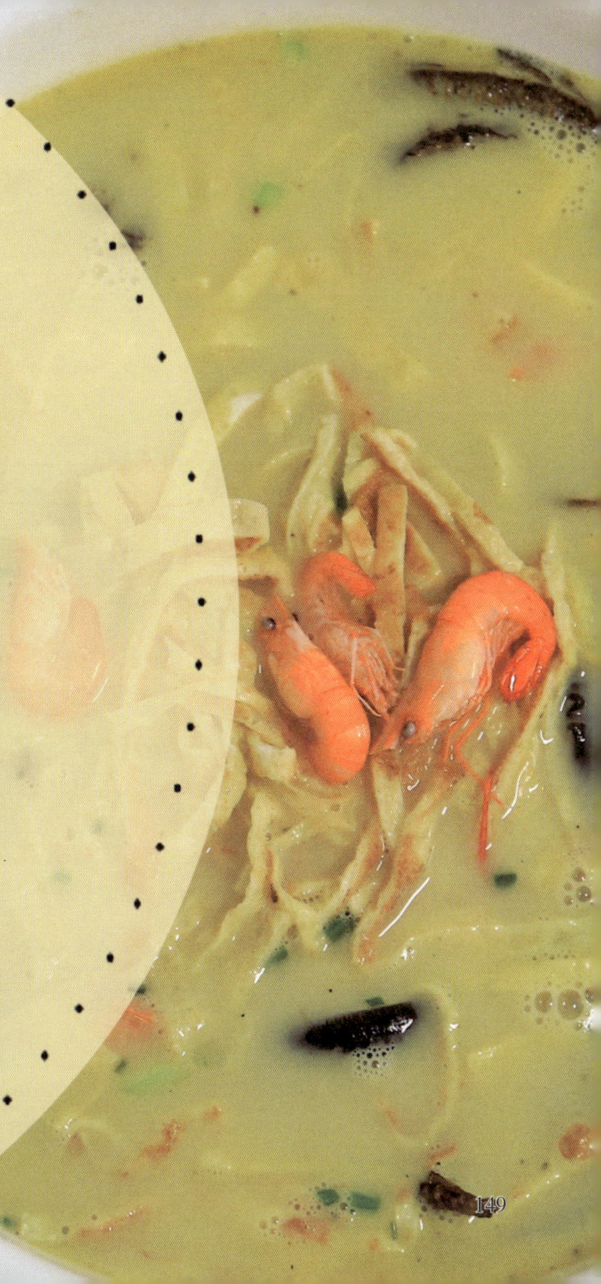

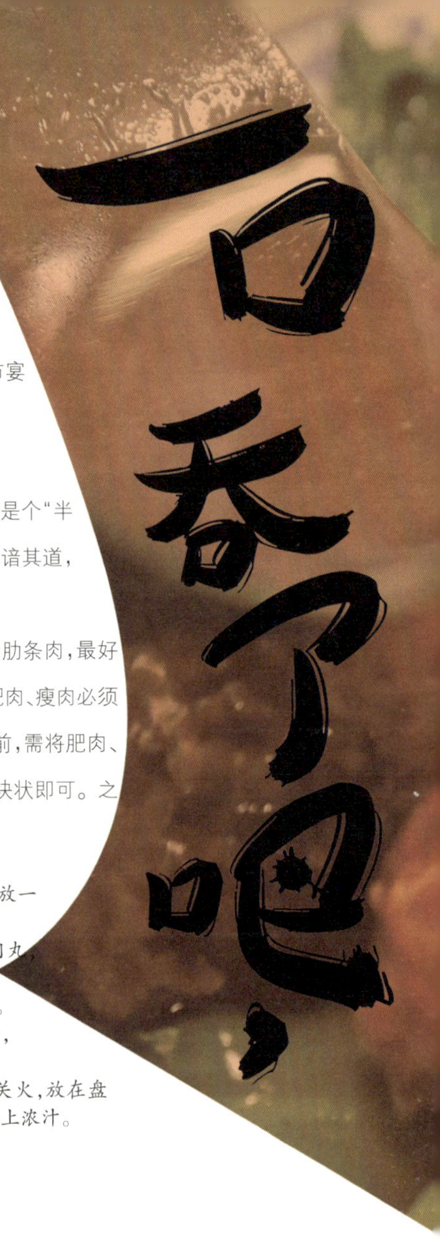

一口吞了吧，

如果有机会参加季市人家的宴席，你一定会大开眼界，各种你想得到、想不到的佳肴，让人吃不过来。

斩肉是季市人家的宴席上必不可少的。在季市民间，向来有“不吃斩肉等于没到季市”“办宴席不上斩肉不算上等宴席”之说。斩肉在季市宴席中的分量可见一斑。

季市斩肉其实就是肉圆，一只圆滚滚的肉球。

黄龙是季市老街上一家饭店的掌勺大厨，虽是个“半路出家的季市人”，但对斩肉的制作技艺，黄龙深谙其道，他做出来的斩肉里嫩外脆，入口即化。

制作好斩肉的前提，是要选用新鲜的上好猪肋条肉，最好是前夹心，季市人称“短肋”的部分，且原料中的肥肉、瘦肉必须大致相等。斩肉妙就妙在一个“斩”字上。斩肉前，需将肥肉、瘦肉分开，瘦肉剁成肉末，肥肉剁成米粒大小的块状即可。之

斩肉制作方法：

猪肉剁成肉馅，放入调料拌匀，加少量清水，放一枚鸡蛋和葱花，继续搅拌至均匀。

炒锅烧热，倒食用油，六成热时放入成形的肉丸，炸成金黄色取出待用。

在大碗中放入白糖、料酒、酱油，兑满清水，搅匀。

炒锅烧热，放入食用油、姜片，倒入调好的汁，烧开后放肉丸，转小火煨30分钟。

青菜用水煮开，加食用油、盐，烧开后1分钟关火，放在盘中铺底。30分钟后，肉丸大火收汁。肉丸摆盘，浇上浓汁。

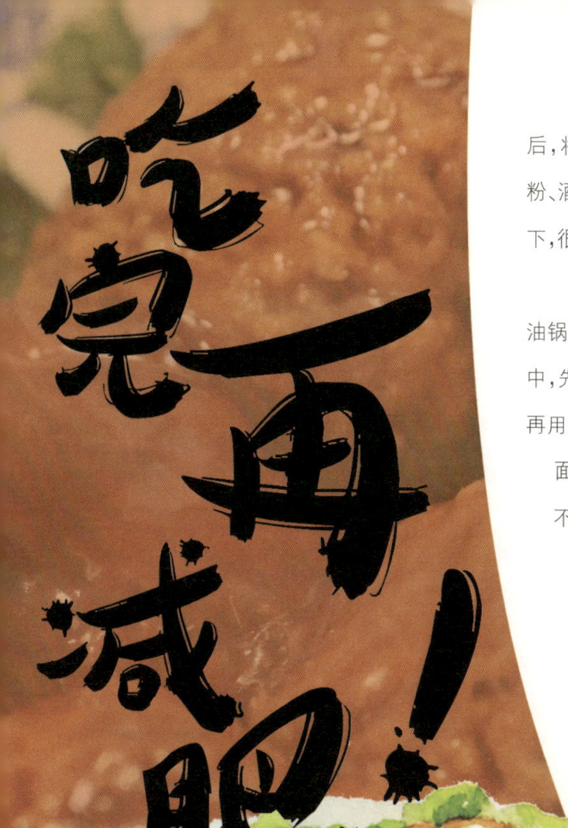

吃完再减肥!

后，将两种肉混合在一起，加入适量淀粉、酒、姜、葱等佐料拌匀，在两手间掂几下，很快就搓成了鸡蛋大小的圆形肉团。

烹饪的过程也很关键，将肉圆放进油锅煎成浅黄色后捞出，再放入另一锅中，先急火煮沸，加入调料后文火慢焐，再用大火收汤。这样烹制出来的斩肉表面光亮，内里嫩滑，夹在筷子上晃而不散，尝一下入口即化。

拳头大的斩肉吃下去会长不少肉吧？那就只尝一口好了。这样的想法很不现实！因为，你如果尝过一口正宗的季市斩肉，绝对还想再吃第二口，一整只下肚，绝对还想再来一只。

跟着『头儿』走 还有什么好怕的

“炫富”这种事，其实很早就有，清末民初的季市人，用一道“头菜”炫富。

“头菜”其实是一种荤素搭配的烩菜组合，远在清末民初就成为季市的传统名菜。此菜选料杂，土里长的、天上飞的、水中游的、地上跑的，均可入料。海参、鱼肚、火腿、笋片，荤的、素的，黄的、红的，多味混合，色彩纷呈。

头菜的“头”字有两层含义：一是这道菜在宴席上最先上，是第一道菜；二是这道菜在宴席间是重头菜，提升了宴席的档次，显示出主家出手大方、有气派，也体现了宴席的高品位和对客人的尊重。

头菜虽贵重，但制作起来却很是简单，主要是材料的选择需要精心准备，烹制过程几乎可以“无师自通”：各种材料往锅里一扔，大火熬煮即可。

按常理，做菜忌讳串味，但这道菜特别，串的味多了，百味交融，反而美味异常。“头菜”兼容并蓄地吸取了各种菜料的美味，让“头菜”永远是“头菜”。

随着经济的发展和人民群众生活水平的提高，如今的头菜已经成为家常菜，在季市寻常百姓的饭桌上已经屡见不鲜。

头菜制作方法：

将海参、鱼肚、火腿、笋片、黑木耳、白果、肉皮、蹄筋、猪腰等各种材料切好备用。

在砂锅中加入清水，将所有材料逐一放入锅中，大火熬煮。

烹制数分钟后出锅，淋上香油即成。

你有拼死吃河豚的勇气吗？

“蒌蒿满地芦芽短，正是河豚欲上时。”早春三月，恰是吃鲜美河豚的时节。河豚肉鲜美至极，无刀鱼、鲥鱼之芒刺，被誉为三鲜之冠。

季市人吃河豚，最地道的莫过于红烧河豚，配上鲜嫩的秧草，真真是打耳光也舍不得丢嘴的人间美味。

河豚的皮是最养胃的，表面有像倒刺一样的小颗粒，特别扎嘴，所以要把皮翻卷起来，一口吞下。在宴席上，河豚皮这样的好东西都会让给辈分高的长者食用。

吃完皮，再吃肝。河豚肝入口嫩且鲜，没有鱼内脏的腥气。

最后吃河豚肉。河豚肉比较紧致，有弹性，红烧调味将鱼肉的鲜味提得恰到好处。为了解腻，红烧河豚一般会配上秧草，蘸着酱汁吃，跟河豚肉一样美味。

除了红烧，季市人在河豚的烧法上还做了很多新尝试，比如切鱼片、浓汤、白汁，等等。现在，一般的大厨都能够做出一桌子的河豚菜，比如生炒河豚片、河豚三宝、八宝河豚……可以摆出一个河豚鱼宴。

在季市人家吃河豚有个规矩：鲜美的鱼儿端上桌，客人不能先吃，要等主人尝过一口，稍等片刻后，客人们才能开始享用。因为，河豚是有毒的，季市人有“拼死吃河豚”的说法，主家这是在给贵客们“试菜”呢。不过，过去的河豚都是野生的，毒性较强，如今养殖的河豚毒性很低，已经鲜有中毒事件发生了。

蒌蒿满地芦芽短，
正是河豚欲上时。

刀鱼有刀该多好 可以撕开捕他们的网

各种江鲜菜中，尤以刀鱼最为名贵。

对于早年住在长江沿岸的季市人而言，清明前，菜篮里装几条刚起网不久的当潮刀鱼为家常饭桌菜，就像是中秋月圆吃大闸蟹一样，略有些奢侈但可以偶尔为之。而现在，别说将动辄几千元一斤的长江刀鱼做家常菜了，很多人恐怕连刀鱼实物也是难得一见。在大多数人的心目中，刀鱼真的可能就只是一个离日常生活很遥远的传说而已。

刀鱼，上海有卖，苏州有卖，价格还不高，为什么要吃靖江季市的？这其中是有讲究的。原因还与长江刀鱼的洄游习性有关。靖江自古有“刀鱼之乡”的美称。据称，海潮涌入长江口的最远点恰在靖江，“江刀”自古会在这里汇集成群，并且，当洄游至此，鱼

鱼

体所含盐分逐渐淡化得恰如其分，加之性腺开始加速发育，所以此处江段所产“江刀”味道最美。

得益于得天独厚的地理位置，季市人已经享用了上千年的鲜美江刀。最简单的家常做法是清蒸刀鱼，将刀鱼清洗后放在盘子里，撒上盐花隔水蒸上十来分钟，鱼肉入口即化，鲜甜的味道让人回味无穷。因为刀鱼有刺，季市人又剔除刀鱼刺，研究出芙蓉刀鱼、刀鱼馄饨等十余种吃法，连魔都的食客们都被征服，每年都有上海的吃货们跑到季市前来尝鲜。

因过度捕捞、水质变化等多种因素，又因为刀鱼尚不能人工繁殖，娇嫩的刀鱼数量逐年减少。为了保护这一野生物种，如今刀鱼已被限制捕捞，可能距离禁捕也不远了。所以，如果你想尝尝正宗的江刀，早点来季市吧，再晚可就不一定能尝到了。

天作之合，譬如蟹黄与粉皮

金色的蟹黄粉皮，是秋季送给我们的礼物。蟹黄粉皮在季市乃至靖江，都是一道很受欢迎的菜肴。

蒸螃蟹吃起来有点繁琐，所以用蟹作为原料拆出鲜美的蟹肉，伴随爽滑的粉皮做出来的蟹黄粉皮便成为人人都爱的美味。这道吃起来方便的、色彩鲜明、蟹味浓郁、营养丰富的菜肴，也是季市人的酒宴里面，必点的佳肴。

河蟹在农历九、十月间黄满膏肥，为食蟹最佳时期。在螃蟹大量上市的时候，用二两内的小螃蟹拆蟹肉，这样是最实惠的。多余的蟹黄、蟹肉可以放在冰箱速冻保鲜，在需要的时候，解冻就可以炒制了。

粉皮要选上等绿豆淀粉，用独特工艺精制，韧性好，不易粘糊，无豆腥味，口感肥厚滑爽。

粉皮焯水，蟹黄、蟹肉用油翻炒后，倒入粉皮，再清炒几下，撒上葱花点缀，一盘地道的蟹黄粉皮就可以出锅了。

蟹黄粉皮这道菜在很多沿江城市也能尝到，但唯有季市的蟹黄粉皮最为鲜美。因为，千百年中，季市美食的文化传承已经深入人心，季市老百姓对于美食的态度，可谓虔诚，绝不浪费每一份原料，绝不辜负每一道菜肴。

蟹黄粉皮制作方法：

螃蟹蒸熟后，拆出蟹肉、蟹黄备用。

粉皮切成小块，在开水中焯烫，去掉杂味。

锅中倒入少量热油，将蟹肉放入锅中煸炒，放入姜末和葱末，白酒和少量的盐。倒入粉皮翻炒。

锅中倒入半碗冷水，慢慢翻炒，需要注意火候，以免汤汁干掉。

煮三至五分钟后，撒入蒜叶即可出锅。

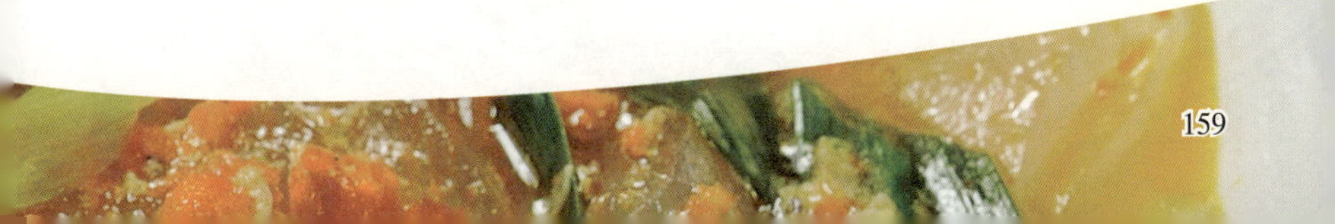

有一只神奇的包子，是会动的。她叫做靖江蟹黄汤包。

热气腾腾的蟹黄汤包端上桌，隔着薄薄的面皮，能看到里面的汤汁在晃动，金黄的蟹肉隐隐地透出靓丽的光。

汤包的制作在于皮，也在于馅儿。一圈细密的面褶子可以在汤包师的手下飞快地诞生出来，而它的作用可不仅仅是美观：褶子捏的好不好，还关系到那张薄而韧的面皮到底能不能将那口饱满的汤汁稳稳当当地包裹起来。

喝一口，听见幸福的声音

每位汤包师傅，至少需要一年以上的练习，才能练得其中的三分。

制作馅心汤包的原料十分讲究，要选上等新鲜猪肉皮、农村散养的老母鸡、猪膀骨，要在传统工艺结合新的科学技术经六个小时的熬制才能真正成为“汤清不腻、稠而不油、味道鲜美”的汤包馅心，才能满足现代人的口味。

刚刚蒸好的汤包，需要用一种特殊的手法从笼屉中取出来，放在瓷盘里，轻轻的晃动，有种吹弹可破的娇嫩感觉。因此，常常会有人用稠而不油，油而不腻，皮薄如纸，汤多鲜美这十六个字来形容蟹黄汤包。

传说乾隆皇帝吃汤包曾出过洋相。当年他微服来靖江专尝这蟹黄汤包。也许是饿了，汤包一上来，他抓起一只，张嘴就咬，只见一股汤汁直射出来，烫得他一甩手，汤包扔到背后去了，身上手上全是汤汁。要在平时，他早就龙颜大怒了，可此刻他竟顾不上发火，而是赶紧舔那指上的汤汁，为什么？因为他刚才尝到那一点点汤汁，鲜得不得了。店里伙计一瞧，晓得他是头一回吃汤包，赶紧上来指点，乾隆依着伙计的法子一试，果然灵光。临走时，按乾隆的老脾气，本想题点诗句的，可一想到刚才出的洋相，不由有些脸红，也就不好意思再题了。

也许正因为如此，靖江汤包虽有名气，史书上却查不到记载。

身在“中国汤包之乡”的季市人，对汤包的研究自然不能差了分毫。“我们要做出季市特色的蟹黄汤包，要引领靖江蟹黄汤包质量标准。”这是靖江烹饪协会季市分会会员们的一致梦想。

现在，很多酒楼都有冷冻汤包提供给顾客外带，但冷冻的汤包一定不及鲜食的美味，所以，一定要亲自到靖江季市来品尝蟹黄汤包！

质朴、悠久、古韵？
抑或是
宁静、精巧、大气？
我眼中的李市，
温柔，沧桑，有深度
游走在李市乡间
无需陪伴，也不是消遣
总有一片红色，
似曾相识
总有一条小巷
跟得上脚步

有空去界河边坐坐
和自己说说话

一条河与一个镇，有着相生相融的依恋。如果说季市也有母亲河，那么，母亲河非『靖泰界河』莫属。

界河横穿东西，与季黄河呈“T”字形交汇，直通苏北腹地，西连长江，南与靖江多条纵向河港连接，东接夏仕港，由此形成了东西连贯、南北通畅，纵横交错的水路交通网。

界河的一年四季，景色各不相同。

柳絮纷飞时节，河水清亮地映照着夹岸的桃红，水润朗了起来，手一触，凉意沁人。河极清，不弯腰就能看见水底那一颗颗浑圆的石头，水草淡淡，一尾尾小鱼在其间游嬉。河两岸，翠绿的草丛里，夹杂着一些不知名的小野花，顺着风儿送来一阵阵暗香。

夏季是孩子们最喜欢的季节，小孩一个个脱得精光，将屁股藏进浅水滩扑腾起来的水花里。大一些的女孩子，喜欢坐在河边的石头上，用脚击打着水，溅得水花四起。

秋天的河，淌在一幅枫叶红于二月花的丰收图上，水流得更欢了，打着响花。绿树，庄稼，青蒲，芦苇簇围着她，碧流依依，水声潺潺，仿佛非应了那诗情画意不可。

一阵寒意从林中袭来，河吹得清瘦了几许，水更浅了，幽幽地流在平坦的河床中。堤边的草皮毯泛黄了，人

走在上面软软的，带着一股韧劲。

年复一年，界河两岸的景色，依然动人，但三百年来，围绕界河所发生的各种纠纷，在历史上却留下深深印记。

三百年过去，河还是那条河，但围绕着河的故事，不会停歇。

界河，依然造福着两岸子民。

华东最大
"恋爱大本营"

秋，将每片树叶都染成红色，这里，是饱览秋色的最佳去处。俯瞰季市红枫林，那是季市东北角的一颗璀璨红宝石，它养在深闺，定让越来越多的人知道这里。

秋天，是红枫林最美的季节。秋雨洗过的天空，与枫叶辉映，有一种暗红的鲜亮。小河边上有雏菊，冷香扑鼻，雨后湿润的河边秋水满帘，雾气正浓，天地间如一个大蒸笼，竟生出“烟波江上使人愁”的感慨。还有几只野鸟——农耕时代的景象总能让人心情愉悦。

对一个种树人来说，最想看到的场景，莫过于稚嫩小苗长成浓密树荫。

徐群就是那个种树人，也是这片红枫林的主人。8年时光从指尖溜走，他站在田边，总算可以浅笑看着他的成果：3500亩红枫，绵延十里，一眼望不到边，有风吹过，树叶簌簌作响，就像在轻

声交谈。

这是他的心愿之乡，这是你我的陌生之地。

无人机飞上天空。当我们从空中俯瞰这片树林，更觉壮观。一排排、一列列红枫整齐排列，叶子在阳光照射下熠熠生光，树下有一群调皮的鸡鸭，欢快地东跑西窜，如无人看管的小孩。

秋天的下午，搬一把椅子静坐红枫下，闲聊闲饮茶。入眼是大片大片的红。那样的时光，很多年之后想来，兀自在心头流淌着诗意。

红枫有人情之暖，好茶有心血之温。

春夏秋冬，

一年四季，

春华秋实，

夏华冬实，

秋华春实，

冬华夏实，

四时皆华皆实，

红枫林里闲饮茶，人间不寂寞。

做一天和尚撞两天钟

黄墙红柱，飞檐翘角。新建的青龙寺，无论规模还是规格，都远超原来的寺庙。

青龍寺

640多年前，明长城开建。几千里之外的季市，青龙寺开建。

寺庙以“青龙”命名，是因为一段与青龙相关的故事。据说，当时季家市濒临长江，常受洪水侵扰。在洪水肆虐的年代，大家都传说是长江里的青龙作怪，为了镇住青龙，大家便捐资建了这座寺庙，名青龙寺。

那时的青龙寺香火颇旺，寺内有金刚殿、大雄宝殿、藏经楼。说来也巧，自从建了这青龙寺，洪水果然少了。自此，青龙寺的香火越烧越旺。如皋、泰兴，甚至扬州的信男信女，慕

名纷至沓来，带着虔诚与香烛，在寺前默默许愿。那时的青龙寺，寺内钟鼓齐鸣，梵音绕梁。寺外，民间艺人搭台唱戏，乐曲阵阵，夹杂着各路商贩的叫卖声。

我们如今看到的，是2002年重建的青龙寺。

黄墙红柱，飞檐翘角。新建的青龙寺，无论规模还是规格，都远超原来的寺庙。寺庙变气派了，不过，与原先相比，青龙寺变清静了。但一个清幽的寺庙，不正是它应该有的模样吗？

青龙寺，清而不孤，它有树有石有苔有花有草有风有月有僧有俗，更有香火不绝。孤的是拜佛人。天不知其大，地不知其大，人只一点，何其小也，何其渺也。

大家闺秀与小家碧玉，你更喜欢哪个？如果让我选，我就选后者。它就是季市公园。与游人熙熙攘攘的马洲公园相比，它走的完全是小清新路线。

季市公园有啥好耍子的？

季市公园玩什么？一看景，二赏叶，当然最重要的是这里有大量免费的负离子，直接净化你的心肝脾肺肾。

从严格意义上来说。这里并不算一个景点，它是季市人生活中的一部分。你看，在季市，大部分情况是这样的，周末，没事，出门吃早茶，一个So大的公园在等着你，一个So大的湿地在等着你，高兴，就带上孩子，在这里轮滑，疯跑；不高兴，一个人11路，爱待

多久待多久，这偌大的公园，免费。

你要问了，季市造这么大一个公园，不收门票，那是为了啥？不就是为了让大家艳羡咱季市人有质量的现代生活嘛？嘿嘿，我们就是高调，让“羡慕嫉妒恨”，来得更猛烈些吧！

季市公园玩什么？
一看景，二赏叶，
当然最重要的是这里有大量免费的负离子，
直接净化你的心肝脾肺肾。

京剧

台上的闷骚达人秀

季市人爱京剧由来已久，可以追溯到清代末年。当时，季市还叫季家市，季家市城隍庙就有戏楼，说它是戏楼，名副其实，它是藏经楼上辟出两间房屋，作为演戏的舞台。楼下有一空地，每逢演出，观众便自带板凳，坐在空地上看戏。那时，去季家市演出的，都是从泰兴请的京戏班子，由于语言没有障碍，演员的京腔京调，不仅让季市人可以接受，而且还十分亲切。

京剧的剧情，都是大家熟悉的民间传说故事，这就使得观众们看得如痴如醉，在这些观众里，有的是铁杆儿的戏迷，他们不是看戏，而是听戏。演员们在台上表演，他们在台下闭起眼睛，一边听得摇头晃脑，一边用手掌在大腿上拍着节拍，嘴里还轻轻跟着台上的演员哼唱。

由于季市爱好京剧的人多，不少有名气的戏班子看重其市场价值，也放下架子到此演出。例如泰州京剧名伶焦宝亭的戏班子，就是季市戏迷们的老朋友和老相识。有些省市剧团的名家，也多次给季市人带去艺术享受。

如今，季市有一大群京剧票友。有些人披上戏装，有模有样地唱了起来。在央视戏曲频道“过把瘾”程砚秋百年诞辰票友演唱会上，季市人郑健以一首《锁麒麟》经典唱段技惊四座，一举夺得周冠军。

人的一生，多多少少总要有些娱乐活动，有人爱钓鱼，有人爱斗牌，有人爱养花种草，有人爱侍弄猫狗，爱京剧的那一帮季市人，找到了他们的乐园，也成为别人仰望的对象。

这是一把有故事的剪刀

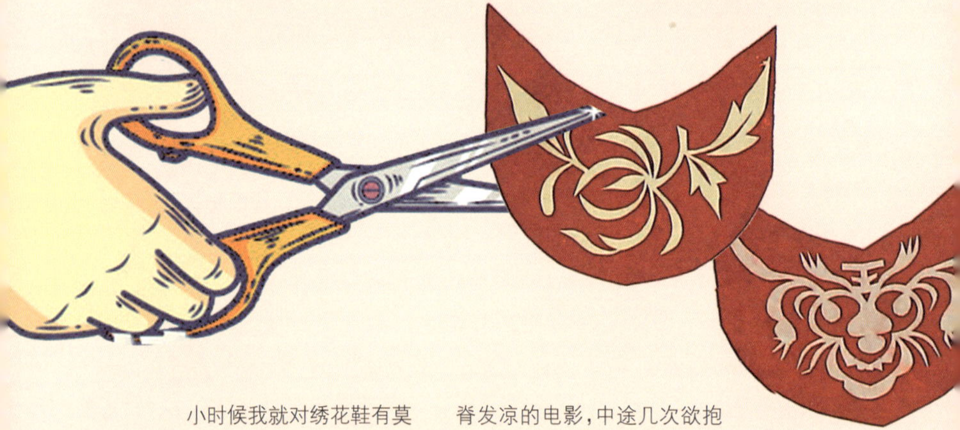

小时候我就对绣花鞋有莫名的好感。以至于从不看恐怖电影的我，有一次，冲着海报上那《绣花鞋》的影片名，竟然走进了电影院，看了一场让人背脊发凉的电影，中途几次欲抱头逃窜，终究是撑到了最后。

与季如英交谈之后，我懂了一件事：我对绣花鞋的热爱，远不及季如英的十分之一。

乡间很多人唤季如英为季奶奶，很多人都曾买过她的鞋样子。她已84岁高龄了。

她出生在1935年，家族在乡间颇有名望，虽是女儿，到了上学的年纪，一样让她进私塾，识字念书，摇头晃脑背三字经。

是相通的。有一天，她拿起剪刀，那些云朵、树叶，飘逸的线条，很自然地就倾泄而出。她的绣花鞋上，多了龙凤、多了百鸟，她从不重复自己，所有的花样，都是一刀一刀剪出来，再贴在鞋上绣出来的。

她的书读得好，花灯也扎得好——家里有个叔叔，是扎花灯的能手，她喜欢看着叔叔扎花灯，很小的时候就会扎一些简单的小动物。

也许，民间技艺在某些方面

她有同龄人中最多的绣花鞋，特别自豪。

本来是学着玩的技艺，长大后竟然成了谋生的工具。也许，命运有时就是这样的，不给你任何解释，但又如此神奇。

一张纸，买回家，需要三分钱，但她能在下班后剪出30个花样，放到集镇上卖掉，能得三毛。十倍收益，就在于剪刀的一转一折之中。在那最困难的年代，这技术，养活了一家人。

十年前，老人就不剪鞋样了。但总有人慕名前来，讨要她以往剪出来的图案——她有一本书，里面夹满了剪好的样子。如果小心地取出、摊开，能看到飞鸟上的羽毛，能看到老虎圆溜溜的眼睛。

时光流逝，情怀依旧。还来讨要鞋样的人，大多是上了年纪的老人，她们摸着这薄薄的纸，贴在布料上，做出一双双手工鞋，给孙子穿，给孙女穿，给重孙穿，给重孙女穿，淡定地看他们惊讶地跳着、笑着，仿佛看到了自己的儿时时光。

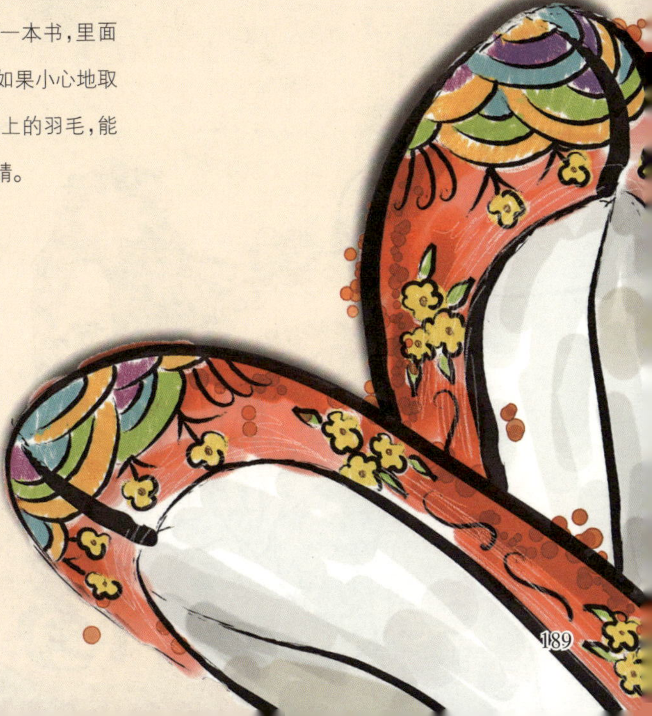

花灯舞到新婚床

一方水土养育一方人，一方人孕育一片文化。季市曾经隶属过泰兴，后来又划入靖江版图。有趣的是，季市的风俗，有些同于泰兴，有些同于靖江。

说起风俗，当然得从春节说起。初一一大早，小辈们起身，向长辈拜年，说些吉祥话。接着开门放鞭炮，这是“开门鞭”。洗漱之后，吃枣子茶和汤圆，以求团圆幸福。

兄弟们分家的，拜年次序很有说法。次房男丁需到长房家中，向祖先拜祭，再与长房家人互相拜年。中午一定要吃除

夕剩饭，意为“年年有余”。下午结伴玩纸牌、搓麻将、消遣娱乐。不然，还可以上街看龙灯、看舞狮子，听唱凤凰。初一有禁忌：不准说不吉利的话，不准扫地，不准晚上点灯。

正月初五财神日，商家开门营业，季市街上有很多小商铺，店铺虽小，可每到初五，家家户户店门都开了，其实，小老板们有些是一夜未眠，凌晨便开始放鞭炮，迎财神。这天上街买东西特别划算，因为老板客气，价钱也公道，老板们希望多做生意，为全年开个好头。

正月十五元宵节，龙灯、狮子灯、花船、打莲湘大规模出动，高潮迭起。龙灯、花船的表演多在大商铺或熟悉的主顾门前，有些表演者还将龙灯舞到新婚夫妇的床上，祝福这对夫妇“产龙蛋”“生龙子”。

总有一句乡音让你落泪

从古到今，所有的称谓中，对“妻子”的叫法也许是最多的，各时各地的叫法没有一百也有五十，且雅俗共赏。

比如：内人、夫人、女眷、贱内、马马、女客、堂客、女的、太太、爱人、家里的、孩子他妈、俺家那个做饭的……

季市人称呼妻子为“女将”。

两位男士聊天。

“这件衣服款式不错，谁买的？”

“瓦（我）家那个女将。”语气中带着自豪与赞美。

这就是季市的乡音。

季市位于如皋、泰兴、靖江三县交界处。所以季市的方言既非靖江的吴语方言，也与泰兴、如皋的淮语方言有所区别。

方言有三个要素，即语音、语汇、语法，而主要成分是语音和词汇。季市方言的语音确实有所特别，比如“今天”“明天”，用吴语说是“今朝”“明朝”，用淮语说

是“今儿”“明儿”，而用季市话说是“跟朝”“门朝”，很像是吴淮两种方言的结合。

与语音相比，最能反映方言特点的是词汇。季市方言有鲜明的个性，有些词汇还十分生动形象。比如面糕叫做“黄猫儿糕”，馄饨叫做“扁食”，竹篮叫做“钵头”，天空里的闪电叫做“霍闪”，把蟾蜍叫“赖宝”，把吃饭叫捣头(如鸡啄米)。

如果把季市方言连成一句话，能让人捧腹。“伢儿哎，跟朝大大、八八要到瓦家来耍子。你拿个钵头到街上买条黄猫儿糕，再下两碗扁食，你在路上不要哦掏架儿窝，也不要套假雷，你看天上在霍闪，马上要落雨，你要早点家儿来。”意即，有客人到家，上街买面糕、馄饨，马上要打雷下雨，不要上树捉知了了，早点回家。

李家市曾经是界河边最繁华的港口，类似今天的经济开发区。生意旺盛通四海，人情练达是文章。

李家市的人，安逸，聪明，喜欢揣摩吃食，喜欢培养孩子，走出些能人、进士、财主、藏书家、将军，也就不足为奇了。

到李市，甩你几条街的名人比比皆是……

这里咱就不多说了，翻下页看吧！听小编一一道来……

16
Hello Baby
Aprica

有点出息行不？别一提『金鱼美人』就流鼻血

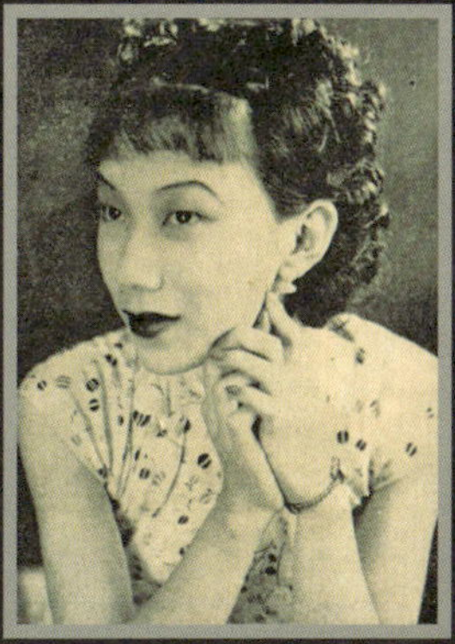

在季市古街上走着的曼妙身材的女子，是谁？

是兰君吗？

即使在十里洋场的上海滩，她依然如兰馨香，净如君子！

时光不老，美人如昔；走在古街尽头，倏忽不见，空留怅惘！

顾兰君，上海滩“四大名旦”之首。

一提到那个年代的电影明星，脑海里立即出现老海报上的美人形象：波浪头，红嘴唇，鹅蛋脸，高跟鞋，玉臂，旗袍，风情万种！

美如兰君者，比画报上的民国美人还要美上几分！

顾兰君的姐姐顾梅君是个演员，姐夫徐欣是当时上海明星公司的导演。徐欣筹拍一部片子《翡翠马》，本来计划是让顾梅君担任女一号的，没想到梅君临产，只好让妻妹顾兰君顶替。没想到，小姨子表演出色，被观众认可，从此正式踏入影坛，好戏一部接着一部，被观众称为“金鱼美人”！

“金鱼美人”！可想而知顾兰君该有多美！

美人兰君，在抗日战争敌伪统治的淫威下，果断脱离影界，组织“银星旅行剧团”北上，到各大城市演出话剧，体现了爱国主义情怀。中华人民共和国成立后，顾兰君积极参加社会活动，多次邀请海外文艺界朋友来沪旅游探亲，并与他们同台演出。1985年，她赴香港探亲访友，以切身体会，实事求是宣传国内形势，团结许多海外人士，为祖国统一事业做了不少工作。她担任上海市静安区政协文艺委员会主任和区政协艺术学校校长期间，努力办学，培养了万余名学生……

影后兰君，要模样有模样，要骨气有骨气！

真的，那古街，曾经走着影后！

原来，那古街，曾经有姝兰君！

许文强都比不过的上海滩大佬

上海，现在叫"魔都"，过去叫"上海滩"，反正就那个意思：牛呗！人家是大林子，能在大林子里混的人，都是人精，是大佬。许文强在上海滩呼风唤雨的时候，有个季市人不声不响地做了"海上三老"之首。他叫闻兰亭！

说起这个闻兰亭，也是苦家小户出身。最初在季市街上棉布店里做小伙计。可人家脑子活啊，一眼就瞅准了上海滩。十里洋场好混吗？不好混！许文强那么帅，枪法好，黑礼帽白纱巾的，说到底不过是在刀口上舔生活的混混。瞧瞧季市人闻兰亭，做了上海纱业工会会长，发起组织上海第一家华商交易所——上海证券物品交易所。闻大佬也是几经起落啊！他遭人排挤过，也被人算计过，但最后还是成了上海纱布交易所老大，重登纱业巨头宝座。此后他还任交易所联合会会长、上海市商业联合会常委、全国商会联合会执行委员等职。

乱世里经商，更加艰险，脚下踩着冰，嘴里含着炭！闻兰亭曾加入青帮，黑道白道，他都得应酬。小记问了度娘：闻兰亭还热心参加各种慈善活动，担任了许多孤儿院、残疾院、教养院的院长或董事。“一·二八”事变后，他负责上海市民地方维持会红十字会的救济伤兵工作。抗战爆发后，他担任上海慈善团体联合救济会董事一职，先后办了四五十个难民收容所。他与袁履登、林康侯时称海上三老，意思是三个牛人！

后来呢？后来啊……

唉，一言难尽……

后来日伪在上海成立商会，70岁的闻兰亭一看，又是不敢得罪的主，便到日伪商会里任职，落下个“晚节不保”的名声。抗战胜利后，闻兰亭总得为自己的作为负责吧！被判入狱八年，后改判三年，不久后保外就医，溘然长逝。

宁做太平狗，不做乱世人！上海滩又怎样，大商人又能怎样！想当年，20多岁的闻兰亭，从季市出发的清晨，溯江而下，望着涛涛江水，不知年轻的他有没有想过，在上海滩做个弄潮儿，该是怎样的步步惊心！

在刀口混饭吃的男人

上联：武状元苏乞儿
下联：武进士吴集五
横批：其实他们不认识

吴集五，清咸丰年间季市人，清光绪十六年(1890)考取武进士，被光绪帝授为淮安卫守备。

话说光绪二十年(1894)七月，甲午中日战争爆发，中国军队战败，清政府为了支付巨额赔款，加重了老百姓的负担。山东农民揭竿而起，成立义和拳，在各县设立分舵，断了皇帝往京城运口粮的航道。眼看家里快断粮了，光绪帝十分焦虑。

这时，季市英雄吴集五出场了。

光绪二十五年(1899年)，吴集五负责押运漕米进京。他率领一支一千人的火枪营，押运50多艘粮船，沿大运河开拔了。

漕运船走到山东西北部恩县的时候，数千个义和拳拿着大刀锄头蜂拥而至，想要抢夺船上的粮食。不少官兵们见这阵势，都禁不住吓得瑟瑟发抖。吴集五见拳民围上来，就让一半的官兵守护船只，自己带领500名火枪营弟兄，摆好阵势。

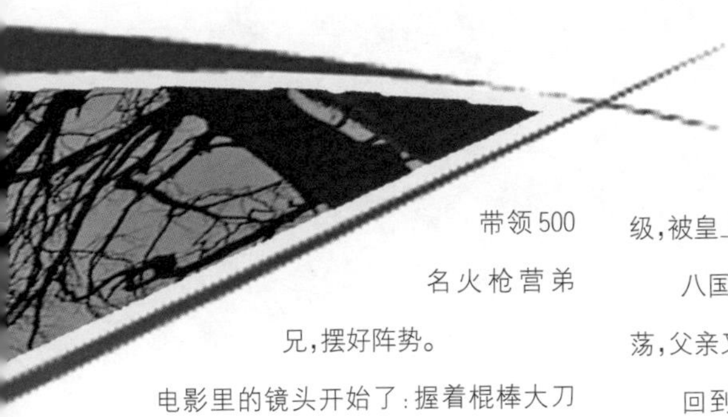

电影里的镜头开始了：握着棍棒大刀的老百姓，脸上抹着鸡血，嘴里喊着“刀枪不入！”赤膊往前冲。清兵举枪射击……

错，那是电影里演的。吴集五不忍心开枪射击那些又愚昧又可怜的老百姓。他一个人冲到义和拳队伍里，赤手空拳，一下子撂倒了十几个！擒贼先擒王，吴集五抓住义和拳分坛坛主。这里小记配个音啊！吴集五大喝一声：“你们哪个再敢上前，我季市吴集五就取了你们坛主的性命。”

众人服了。把吴集五引到了总坛坛主那里。总坛掌门和吴集五相谈甚欢，商议好了，互让一步，江湖上谁还没个难处啊！总掌门一高兴，吩咐下去，以后凡见着吴集五押送的粮船，一律放行。

吴集五顺利到达紫禁城。光绪吃饱了，一高兴，亲自宴请吴集五，还送了不少景德镇瓷器给他。第二年，吴集五官升一级，被皇上授为大河卫正堂。

八国联军进犯北京。吴集五见国事动荡，父亲又年老多病，就辞官回了乡。

回到季市，吴集五为家乡做了不少好事，修桥修路，举办团练，剿灭海匪。他用的大刀，重98斤，舞起来虎虎生风，威风凛凛。1958年，大炼钢铁，吴集五的这把刀在一个废品堆里被发现。可惜，被当作废铁，扔进了化铁炉……

紫貂，青狐，银鼠，金豹，猞猁逊……

名贵皮草的毛掉了三寸厚

明朝末年，季市出了一个有名的乡绅富豪，叫季寓庸，他是明天启二年(1622)进士，曾任浙江余姚、临海和河南济源、祥符(1913年改名开封)知县。季寓庸年老归里，颐养天年，是明末著名的富豪。

季开生，系季寓庸长子，清顺治己丑年(1649)进士。他先授翰林院庶吉士，后擢升为礼科给事中，后因"犯上"，被发配辽东，客死异乡，是清初著名的"谏臣"。

季振宜，系季寓庸次子，清顺治丁亥年(1647)进士，曾任浙江兰溪知县、刑部主事、户部郎中和广西道御史。季振宜入仕为官后，仍继续刻苦攻读诸子百家、唐诗宋词，著书立说、编书刻书和收藏古籍，是清初全国著名的古籍、字画收藏家。

父子三进士，本来就是稀奇事了，更稀奇的是季家的富有。

季家富到什么程度？且看几个故事。

季振宜回到季市，住的房子叫"嘉树园"，方圆三里多，连围墙里都有路。据说他家有一群巡夜打更的用人，共有60多个人吧！每个月除了工资之外，还奖励高邮酒10坛，烧肉30盘！

季家园林，亭台楼榭，小桥流水，厅堂广厦，鳞次栉比，那是相当的奢华啊。这还不算什么。人家家里还藏着大量的名贵皮草。康熙九年(1670)夏，连续20多天阴雨。季家担心湿气会损坏皮草，天气放晴后，就晒了一把。什么紫貂啊，青狐啊，银鼠啊，还有金豹、猞猁逊啊，你能知道的名贵皮草，季家都有。据说晒皮草的那些天，“脱毛积地约三寸许”……晒个皮草，光掉的毛就堆积了有三寸厚，你说季家得晒了多少皮草啊，这是晒衣服还是炫富啊？

这些还都不算事儿。季寓庸回到季市后，整天除了炫富就是吃喝玩乐。季家竟然养着“三部女乐”，就是说在自己家里养着歌伎，还是三个团队。

又要说后来了！后来，不肖子孙年年有，季家败光了家产。季家旧居也毁于战火，不知所终了！

正所谓：眼见他起高楼，眼见他宴宾客！眼见他楼塌了……

能养猪，也能上《百家讲坛》

记得有段时间，如果谁说自己没听过《百家讲坛》，都不好意思出来混！这个节目红了于丹，火了蒙曼，热了易中天。

有个季市人，两次走上《百家讲坛》，第一次讲电视剧《亮剑》主人公李云龙，第二次讲《孟子》。他叫徐放鸣。

小记每次说到这里，都感觉，怎么但凡有成就的人，小时候都是吃过苦的啊！像小记这种小时候就生得肥头大耳的货色，估计也就只能给大家讲讲故事啦！

徐放鸣，江苏师范大学校长、党委书记，全国马列文论研究会副会长。其父亲徐鸿儒是从季市镇走出去的老革命军人。20世纪70年代，高中毕业的徐放鸣被下放到徐州市铜山县农村插队劳动，当时他就在随身的小本子上写了孟子的话：天将降大任于斯人也，必先苦其心志，劳其筋骨，饿其体肤，空乏其身。

徐放鸣在农村，做了猪倌。猪圈那个臭啊，一开始徐放鸣这个城里小青年，还真适应不了。但有志青年小徐，最终克服了困难，还用自己的知识科学养猪，研究粮食和青饲料怎么配比，才能有利于猪的生长。

养猪不仅让小徐品尝到了农村生活的艰苦，还差点儿要了他的命。有一次加工猪饲料，粉碎机出了故障，几张锋利的刀片突然飞了出来，站在旁边的徐放鸣只听见耳边嗖嗖地飞着刀片……他竟然毫发无伤。

1977年，国家恢复高考。小徐同志没有立志养猪，他拿起课本，在高考前一个月一边干活一边苦读，如愿考上大学，成了他所在知青点的第一位大学生。

后来的事大家都知道了！

小徐同学成了老徐教授，还两次走上《百家讲坛》，用自己的人生体验，用诙谐幽默的语言，对李云龙和《孟子》进行了深刻的讲述。

小记突然有了一个伟大的人生计划：到季市镇养猪，如何？

别想歪了，江南其实是个大老爷们

季市镇走出去的大作家刘宜良，笔名：江南！

对，就是《蒋经国传》的作者江南。

1976年，刘宜良完成了《蒋经国传》的写作，交给洛杉矶《论坛报》连载并出版单行本。该书在海内外引起了轰动。

江南文章写得好，一是人家从小就接受儒家文化的熏陶。刘家祖上特别重视对孩子的教育，江南从小是在四书五经里泡大的。第二是江南有做记者的经历，采访、写作啥的都不在话下。第三是他在美国大学里打下的论证功底。这些因素让江南的《蒋经国传》特别畅销。

江南在台湾是知名的记者。三十岁后，他遇到了崔蓉芝，后与其结婚。在崔蓉芝鼓励下，刘宜良苦学

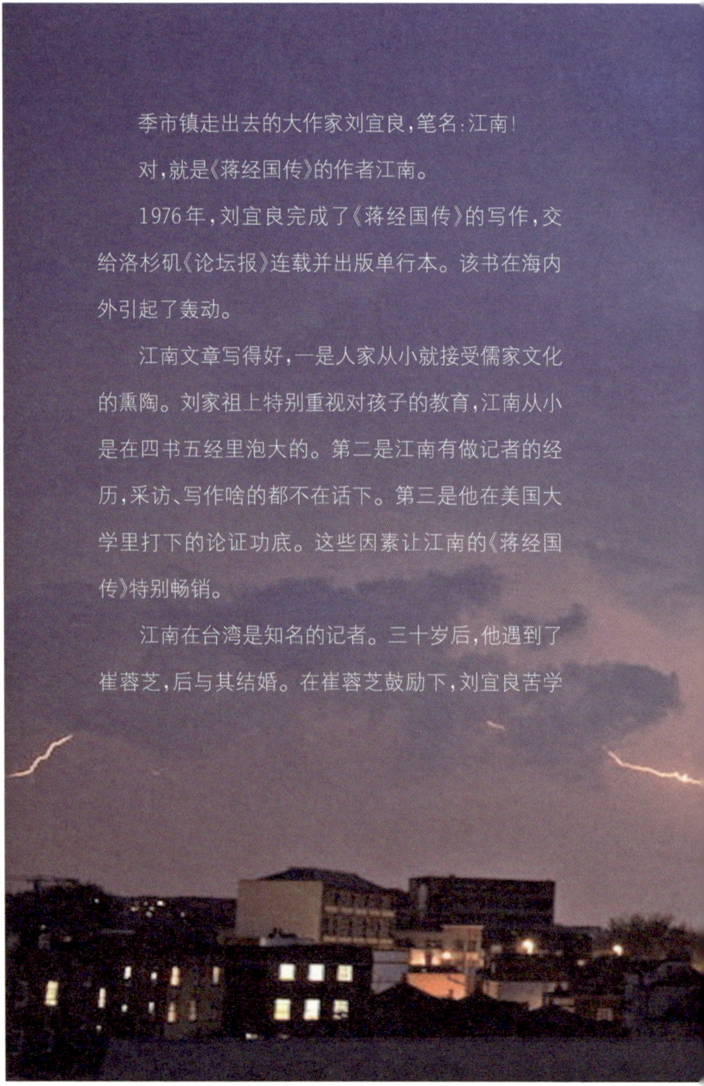

自修英文，立志出国深造，他白天跑新闻，晚上到师大夜校间部继续进修。1967年，江南赴美。

江南写的新闻专栏很受读者欢迎。他有敏锐的新闻触觉。如尼克松访华，江南早在三四个月前即有稿件暗示。

江南去世前，曾回到家乡靖江，回到季市，游览了阔别多年的长江，对祖国统一十分期盼，对家乡的经济建设十分关心。

一家五口，都是『清华人』

都上清华了，这个学霸都没得瑟，而且继续努力。

对，您没听错，靖江县中第一位考上清华大学的毕业生是季市人。

又是季市，季市是学霸的沃土吗？

他叫王桂增，现为清华大学自动化系系主任。

季市镇陆家村谢家埭，和所有的靖江自然村一样，门前稻花香，门后绿水绕。说起王桂增，陆家村人特别骄傲。据老一辈人回忆，王家家底薄，经常吃不饱饭。从小贫苦的家境让王桂增养成了艰苦奋斗、独立自强的精神。中学时代，他就是学校里的佼佼者，以优异成绩考入清华大学。6年的大学时光，他依然刻苦勤奋，默默埋首于学习之中。1965年大学毕业，王桂增以优异的成绩，被学校授予金质奖章，并留校执教，直至成长为中国自动化领域过程控制方面的专家，享受国务院政府特殊津贴。

1981年，通过考试选拔，40岁的他成为清华大学公派出国的访问学者，到美国斯坦福大学和系统控制公司进修系统与控制专业。在美国的两年中，东西方文化产生激烈碰撞，在这种文化冲突中，王桂增的爱国情怀与日俱增。两年留学期满，他按期回到祖国的怀抱，回到魂牵梦绕的清华园，表现出老季家市人的骨气和风格。

季市古镇的老汁鸡诱

人呐，荷叶桂花茵糕留人！清华园高级知识分子王桂增，也忍受不了家乡味道的诱惑。他经常趁长假带着夫人、儿子和儿媳回靖江季市，听乡音，品美食。

更牛的是，王桂增一家两代六口人中，除女儿学的是文科外，夫人、儿子、儿媳和女婿都毕业于清华大学。王桂增的夫人是他的大学同班同学，地道的北京人。儿子、儿媳在美国研究生毕业并工作一段时间后，也双双回国发展。

从季市古镇走到清华园，无论走多远、飞多高，纯朴的故乡永远是王桂增教授的牵挂。他一家6位大学生，5位清华毕业生，不正是古镇人信奉的诗书传家、学有所成报效国家的写照吗！

这个季市人在联合国工作

我们前文说了，王桂增是靖江县中第一位考上清华大学的季市人，现在还有更劲爆的：季市人袁仁峰兄弟俩，跨进同一所著名学府清华大学，在同一系科学习，同样都获得博士学位。一门两博士，也算佳话了！

袁仁峰生于1942年，先后就读季市小学、季市初级中学。1957年以优异成绩考入江苏省泰兴中学，1960年高考，他在扬州地区理工科名列前茅，考取清华大学工程物理系。1967年他毕业后即投身国防，在大西北某基地科研所从事研究试验工作。从茫茫戈壁，到中原腹地，都留下过他的足迹和汗水。他先后参加过10多次核武器研究试验，多次荣获国防科研进步奖。其间，他曾就读中科院硕士研究生。

1990年8月2日，伊拉克军队以迅雷不及掩耳之势，在数小时内占领了邻国科威特。对此，联合国安理会通过处理伊拉克问题的687号决议，袁仁峰同志作为中国推举的专家，任联合国特别委员会委员。该委员会由5个常任理事国和16个有影响力的大国各推举一人组成。执行联合国对伊拉克大规模杀伤性武器的核查、监督、销毁、评估工作。

在某些时候，国际上一些所谓的大国，对中国其实很不友好，甚至轻蔑。在国际机构工作，袁仁峰就常常面对这样的轻蔑。

1994年5月，袁仁峰又一次奉命赴日内瓦，作为中国政府代表团团长侯志通大使的顾问和代表，参加全面禁止核试验和核军备控制谈判工作。是年7月的一次大会上，在美国支持下，澳大利亚代表对我国核研军备夸大其词并横加指责，俄代表也在一旁附和，大有山雨欲来之势。袁仁峰静静地听着他们一唱一和的发言，不时记录点什么，边听边打腹稿。在后来大会发言时，袁仁峰主动请缨，作了有理有节、根据充分的发言，揭穿了少数几个国家企图玩弄“贼喊捉贼”的卑鄙伎俩，捍卫了国家的尊严，维护了我国核研和核军控的原则与立场，受到代表团和与会大多数代表赞誉。

会后美国代表莱道格找侯大使的茬，“你说中国核武器专家没空来日内瓦，我看现在这个人来了，就坐在你的身旁！”德国代表霍夫曼会后对袁翘起大拇指，说这是几年来联合国大会上，他第一次看到两个超级大国同时挨了一棍子！

打超级大国的棍子，不但要有胆有识，还要有理有据，有礼有节，袁仁峰做到了！瞧，季市人，就是这样的满满的家国情怀！

小记从小就崇拜的人在这里。

一个小镇，竟然有5个将军。他们是中国人民解放军军事法院院长、中将刘季幸，军事科学院军制部部长、少将沈雪哉，广州军区副参谋长、少将钱晓林，宁波海警学院原副院长、少将黄江等。

将军是这样炼成的

对，小记从小崇拜将军，死忠粉！爱信不信！

将军，可不是一般人。将军是怎样炼成呢？我们来说说黄江将军。

季市镇祁安村，是黄江将军的家乡。将军小时候家里穷，他上学之前，都没穿过裤子，这是真的！直到开蒙上学，黄江的妈妈才将围裙撕下一半，围在他身上，算是裤子了。

寒门出贵子，这话可不是盖的！黄江一直读到高中毕业，后来参军。1988年9月，黄江从廊坊武警学院毕业，直接

调任浙江省瑞安市边防大队大队长，戍边缉私，也就是跟走私的干上了！

黄将军英雄虎胆，作为领导，他直接出征参战，到走私船上查找违禁品，严厉打击走私犯罪，他对走私贩扔过来的一麻袋一麻袋的钱报以冷眼，他对登门求情的人严词拒绝。一时间，瑞安的走私分子对他又恨又怕，悬赏百万元要他的人头。

将军也有铁汉柔情啊！

小时候为了生计，黄江还曾跟着父亲学了门剃头的手艺。现在，黄将军一腔柔情，情洒在可爱的小孙子身上。他亲自为小孙子剃头，家人拍下了温情的一幕……

小镇将军，虎胆藏柔情！

保家卫国，寒光映铁衣！

沈雪哉、钱晓林、刘季幸、黄江，这些霸气的名字，在季市大地上熠熠生辉。将星让季市更明亮，将星让小镇显阳刚！

亮剑欧美市场

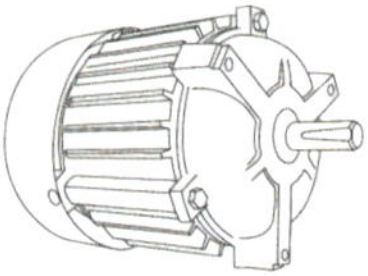

巧林玩得够大

一个地方，不管是发展旅游经济也好，发展工业经济、农业经济也好，一定要发展经济，也就是说，老百姓要有工作，要摆脱贫困，发家致富。口袋里有钱了，心才不慌，日子才好过，在某些事情上才有发言权。到了季市镇，如果有人说自己不知道大中电机，那么，你可以将TA狠狠地嘲笑一番了。

江苏大中电机股份有限公司是季市镇的顶梁柱企业，一家民营股份制企业，公司前身是一家无线电厂，先后更名为五金机电厂、江苏大中机电制造公司。

从供销员一步步做起，周巧林成长为企业领导者，他认准了电机行业，一心一意搞研发，敢于到欧美市场“亮剑”。作为江苏大中电机股份有限公司董事长、总经理，他心中有一个远大的梦想：立志振兴民族工业，带领大中到世界电机舞台上一决高下，创世界级百年品牌。

要说周巧林这个人，有本事，有眼光，还有经验。他有个舅舅在香港，年轻时曾

在大成纱厂干过活。年轻时周巧林和舅舅写信联系。渐渐地，周巧林懂得产品质量、客户美誉度的重要性。世界上为什么好品牌值钱？品牌就是价值，就是口碑，就是客户给予的美誉度。周巧林立志让大中走过百年，他要创一个百年品牌，做到世界上不论哪个国家，提到电机就能想起大中。

立大志行大事！这就是周巧林的格局。

周巧林对季市这片土地太熟悉不过了。每一片砖瓦，每一座宅院，都有周巧林成长的记忆，都带着他生活的气息。古镇季市，也因为有大中电机，在全国乃至世界的版图上，发出了耀眼的光芒。

全国木匠状元

李市小木匠？
对不起，您喊错了！
现在不叫小木匠，而叫木工，叫工匠！
工匠精神，
正是我们国家眼下提倡的职业精神！

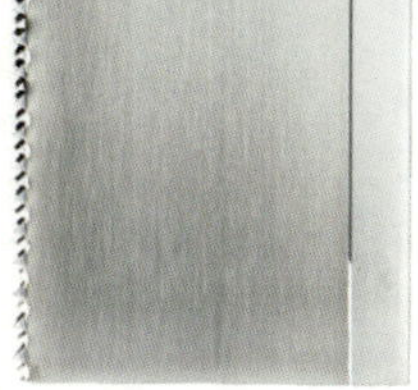

季市人做木匠，都能做出个“状元”来！翟筛红，是“全国技术状元”！2006年他参加全国精细木工比赛，战胜了29个省区市的116名选手，夺得第一名。

翟状元的手艺活儿，全国人民都服气啊！

老翟的拿手绝技是传统木工活。画线、打眼、锯榫、拼装，老翟无不做到精准。对着一块木料，老翟一刨子推下去，刨花厚薄均匀，卷曲起来如同一件艺术品，可以直接用于贴皮。几乎失传的古老窗棂做法“乱冰纹”，每块木料从不同角度拼接，在老翟手中也能不差毫厘。

老翟头顶状元光环，还是笑呵呵的，那是老季家市人特有的和气、谦虚。他被单位破格提拔为中建五局装饰公司分公司的副总经理。可是他在办公室只坐了半年，就跑去找领导，要求回到工地，成了工地上唯一的“老总施工员”。

行行出状元啊！老翟这个木工状元，真给季家市的父老乡亲长脸啦！

你来，
或不来，季市都在这里

一段美好的梦

怎么舍得它结束